자연선택, 유전자, 생물의 역사까지 진화론의 모든 것을 알아봐요

다윈의 진화 실험실

로버트 윈스턴 글 / 이한음 옮김

A Dorling Kindersley Book
www.dk.com

글쓴이 **로버트 윈스턴**

최신 과학을 일반인에게 전하는 과학자로 「인체」, 「인간의 마음」 같은 영국 텔레비전 시리즈에 출연해서 유명해졌다. 『나는 어떻게 만들어졌을까?』로 대중 과학 저술상인 아벤티스 상을 수상했으며 현재 런던 임페리얼 대학의 교수로 활동 중이다.
지은 책으로는 『나는 어떻게 만들어졌을까?』, 『별의별 원소들』 등이 있다.

옮긴이 **이한음**

서울대학교 생물학과를 졸업하고 과학 전문 번역가로 활동하고 있다. 생물과 진화에 관한 수십 권의 책을 번역했으며 2007년에는 『만들어진 신』으로 한국출판문화상 번역 부문을 수상했다.
지은 책으로는 『신이 되고 싶은 컴퓨터』, 『DNA, 더블댄스에 빠지다』, 『호모 엑스페르투스』가 있다.

사이언스 일공일삼 ❷❸

다윈의 진화 실험실

1판 1쇄 찍음—2009년 1월 31일, 1판 1쇄 펴냄—2009년 2월 10일
지은이 로버트 윈스턴 옮긴이 이한음 펴낸이 박상희 편집장 김은하
펴낸곳 (주)비룡소 출판등록 1994. 3. 17. (제16-849호)
주소 135-887 서울시 강남구 신사동 506 강남출판문화센터 4층
전화 영업(통신판매) 515-2000(내선 1) 팩스 515-2007 편집 3443-4318~9
홈페이지 www.bir.co.kr

THE EVOLUTION REVOLUTION
by Robert Winston

Copyright ⓒ 2009 Dorling Kindersley Limited, London
Text Copyright ⓒ 2009 Robert Winston
All rights reserved.
Korean Translation Copyright ⓒ 2009 by BIR
Korean translation edition is published by arrangement with Dorling Kindersley Limited.

이 책의 한국어판 저작권은 Dorling Kindersley Limited와 독점 계약한 (주)비룡소에 있습니다.
저작권법에 의해 한국 내에서 보호를 받는 저작물이므로
무단 전재와 무단 복제를 금합니다.

값 15,000원
ISBN 978-89-491-5217-2 73470

"
찰스 다윈의 진화론은 역사상 가장 위대한 과학 사상이에요. 적어도 동식물을 연구하는
생물학 분야에서만큼은 다윈의 진화론만큼 학계를 뒤흔든 사건은 없었어요.
물론 동물 종들이 그 이전의 생물로부터 유래했다는 생각이 있긴 했었지만,
수많은 증거를 들어 체계적인 이론으로 만든 사람은 바로 다윈이었어요.

다윈은 모든 생물이 더 원시적인 생물로부터 진화했으며, 이 과정이 수백만 년 동안
아주 작은 변화들이 쌓여서 이루어진다고 보았어요. 다윈의 생각은 신이 인간을 창조했다고
생각했던 사람들로부터 엄청난 비판과 미움을 샀어요. 150여 년이 지난 지금도
완전히 논란이 사라진 건 아니에요. 우리가 유인원에서 유래했다는 말을 받아들이기는
쉽지 않으니까요. 하지만 시간이 흐르고 생물학이 발전할수록 다윈의 생각은 더욱 설득력을 얻었어요.
나아가 우리의 질병과 건강, 감정과 본능을 이해하는 데도 큰 도움을 주었지요.
무엇보다도 우리가 다른 생물들과 아주 가까운 존재라는 깨달음은
이 행성에 사는 다른 모든 생물들을 더 존중하게 해 준답니다.
"

Robert Winston.

차례

 생명의 수수께끼를 풀어라!

 다윈의 모든 것

 유전자 속에 담긴 신비

 진화는 계속된다

- 세상을 바꾼 책 6
- 생명의 수수께끼를 풀어라! 8
- 창조 신화 10
- 논쟁의 시작 12
- 화석의 수수께끼 14
- 생각의 혁명 16

- 다윈의 모든 것 18
- 미운 오리 새끼 20
- 인생을 바꾼 여행 22
- 좋은 일과 나쁜 일 24
- 박물학자 다윈 26
- 가장 나은 것 선택하기 28
- 생존을 건 싸움 30
- 살아남고 말 거야! 32
- 경이로운 눈 34
- 베스트셀러 36
- 지렁이 연구 38

- 유전자 속에 담긴 신비 40
- 완두 퍼즐 42
- 유전자 요리법 44
- 하나뿐인 나 46
- 돌연변이 48
- 우리는 모두 돌연변이 50
- 진화에 영향을 미치는 또 다른 복병 52
- 새로운 종의 탄생 54
- 유전자 속의 유령 56
- 이타적 유전자 58
- 자연선택? 인위선택! 60
- 공룡의 부활 62

- 진화는 계속된다 64
- 생명의 역사 66
- 잃어버린 고리 72
- 외딴 섬에서 74
- 닮은 듯 다른 꼴 76
- 아주 작았던 시절 78
- 가장 가까운 친척은 누구와 누구? 80
- 말의 진화 82
- 코끼리 코는 어떻게 길어졌을까? 84
- 유인원에서 인간까지 86
- 인간 행동을 이해하는 열쇠 88
- 진화와 질병 90
- 진화의 미래 92
- 낱말 풀이 94

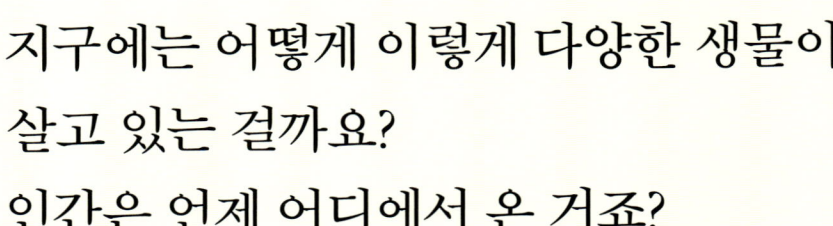

지구에는 어떻게 이렇게 다양한 생물이 살고 있는 걸까요?
인간은 언제 어디에서 온 거죠?

수천 년 동안 사람들은 이런 질문의 답을 찾으려고 애썼어요.

그러다가 1858년, 찰스 다윈이 세상을 발칵 뒤집어 놓을 이론을 발표했어요. 다윈은 이듬해에 그 이름도 유명한 『종의 기원』을 완성했지요. 다윈은 이 책을 통해 신이 인간을 만들었다고 생각했던 사람들에게 인간과 다른 동물들이 자연선택을 통해 진화했다는 생각을 조리 있게 주장했어요. 이 책은 인간을 비롯한 다양한 생물이 어떻게 만들어진 건지 의문을 던졌고, 지금까지도 그 불씨는 꺼지지 않고 있지요.

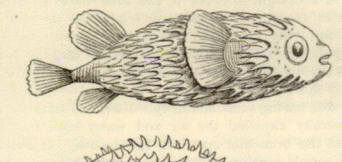
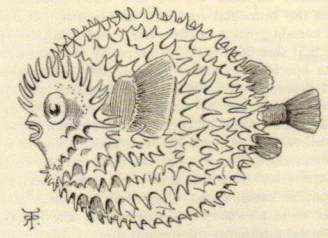

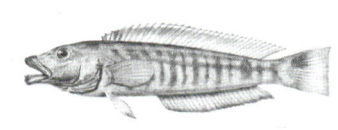  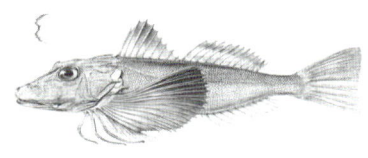

"이 행성이 중력 법칙에 따라 계속 도는 동안, 맨 처음 나타난 지극히 단순하던 생물은 대단히 아름답고 경이로운 수많은 생물들로 진화했고 그 진화는 지금도 계속되고 있다."

—찰스 다윈(1858년)

"자연에서 전쟁은 끊임없이 일어난다. 죽음은 대개 즉각적이며, 활력 있고 건강한 존재들은 살아남아 번성한다."

—찰스 다윈(1859년)

 생명의 수수께끼를 풀어라!

길을 가다가 잠시 길에 핀 꽃을
들여다보거나 새의 지저귐에
귀 기울인 적이 있나요?

생물은 환경에
꼭 맞게 적응해 있는 것처럼 보여요.
어떻게 이렇게 다양한 생물들이 생겨나게
되었는지 궁금한 적은 없었나요?

모든 수수께끼는 꼬리를 물어
결국 하나의 수수께끼에 닿게 돼요.
바로 우리는 어떻게 생겨났을까 하는 거예요.

수천 년 전에 살았던 사람들은
그런 궁금증에 어떻게 대답했는지
알아볼까요?

이봐, 도롱뇽.
예전에는 사람들이
너를 떠받들었다며?

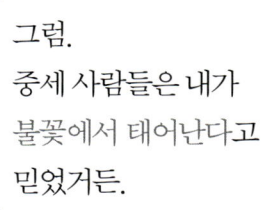

그럼.
중세 사람들은 내가
불꽃에서 태어난다고
믿었거든.

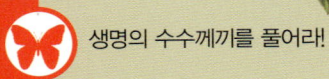 생명의 수수께끼를 풀어라!

창조 신화

아주 오래전 사람들은 모닥불 주위에 둘러앉아 자연과 사람이 어떻게 생겨났는지 이야기를 들려주었어요. 할머니는 아버지에게, 아버지는 딸에게 그 이야기를 들려주었지요. 지금까지 전해지는 것도 있어요. 이 이야기들을 **신화**라고 해요.

그리스 신화

고대 그리스 신화에 따르면, 월계수는 강의 요정이 변해서 생겨났어요. 강의 요정 다프네는 태양의 신 아폴론을 피해 달아나다 땅의 여신 가이아에게 도움을 요청했어요. 그러자 가이아는 다프네를 월계수로 바꾸어 주었어요.

꿈의 시대

오스트레일리아 원주민들은 모든 생물의 조상들이 땅속에서 잠자고 있었다고 믿어요. 어느 순간 땅이 갈라지면서 그들을 깨웠고, 그들은 땅 위를 돌아다니면서 모든 생물들을 불러내어 살아가는 법을 가르쳤다고 해요.

 다 했다! 다시 자러 가야겠어.

다프네가 월계수로 변하는 모습

맨 처음 세상에는……

너무 심심하군. 뭐 좀 만들어 볼까?

브라흐마

힌두교의 창조신 브라흐마는 드넓은 검은 바다 위에서 깔고 앉아 있던 연꽃을 이용하여 모든 생물을 만들어 냈어요. 그는 식물에게는 감각을, 모든 동물에게는 촉각과 후각, 시각, 청각, 운동 능력을 주었어요.

 연꽃

태평양 신화

태평양에 있는 섬에 살던 사람들은 새의 머리를 한 신이 낳은 알에서 인간이 나왔다고 믿었어요. 또는 거북이 낳은 알에서 나왔다고 생각했지요.

에덴동산

성경의 첫 부분인 창세기를 보면 하나님이 엿새 동안 만물을 창조했다고 쓰여 있어요. 동물들은 처음부터 지금처럼 각각의 목적에 완벽하게 들어맞는 형태로 창조되었고, 최초의 사람인 아담과 이브는 신의 모습을 본떠 만들어졌다고 해요. 이 믿음은 아주 오랫동안 유럽 사람들의 생각에 영향을 미쳤어요.

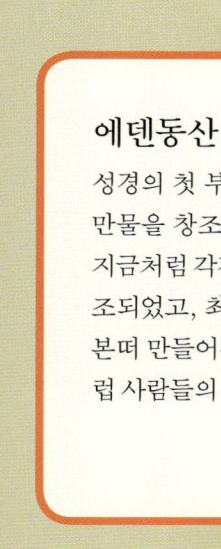
스컹크

나는 사실 아름다운 소녀랍니다!

이건 그냥 산수 문제야. 아담이랑 노아의 나이를 더한 다음 아브라함이랑 야곱의 나이를 더하고…….

1654년

아메리카 신화

아메리카 원주민 사이에 전해 오는 이야기 중에는 스컹크로 변한 소녀 이야기가 있어요. 백발이었던 소녀는 아름다웠지만 마음씨는 곱지 않았어요. 어느 날 그녀는 한 남자를 이상하게 생겼다고 놀려 댔어요. 그 남자는 사실 요정이었어요. 화가 난 요정은 소녀를 스컹크로 만들어 버렸고 그녀의 하얀 머리카락은 스컹크의 등줄기에 난 흰 털로 바뀌었어요.

제임스 어셔
(1581년~1656년)

창조의 날을 알아냈어!

아일랜드의 대주교였던 제임스 어셔는 성경에 나오는 사람들의 나이를 꼼꼼히 계산한 끝에 세상이 만들어진 날을 알아냈다고 주장했어요. 그날은 기원전 4004년 10월 23일 일요일이었어요. 이 방법대로 하면 지구의 나이는 6000년이 조금 넘을 뿐이에요.

생명의 수수께끼를 풀어라!

논쟁의 시작

질서! 모든 것에는 질서가 있어야 해.

분류학의 탄생

스웨덴의 식물학자 칼 린네는 알려진 모든 생물들을 '신이 창조한 신성한 질서'에 따라 여러 분류군으로 나누었어요. 그는 생물들을 계, 강, 목, 과, 속, 종으로 나누고 각 동물과 식물에는 속명과 종명이라는 두 단어의 라틴어로 된 학명을 붙였어요. 이 방법은 지금도 쓰이고 있어요. 그는 인간의 학명을 '호모 사피엔스'로 지었어요. '슬기로운 사람'이라는 뜻이지요.

칼 린네
(1707년~1778년)

나의 모든 것을 책에 담았소.

에헴! 에헴!

뷔퐁(1707년~1788년)

1735년   **1749년**

종 호모 사피엔스

속 호모(사람)속

린네가 우리를 유인원과 하나로 묶었어!

과 사람과

그게 신의 뜻이었어?

목 영장류

뷔퐁의 자연 법칙

프랑스의 박물학자 콩트 드 뷔퐁은 1749년부터 죽을 때까지 44권으로 된 『박물지』를 썼어요. 그는 모든 생물이 하나의 조상에서 나왔다고 주장했어요. 당시 사람들에게 그것은 굉장히 놀랄 만한 내용이었어요. 그가 주장한 내용이 성경에 쓰인 것과 전혀 달랐기 때문이죠. 하지만 뷔퐁은 자신의 생각을 충분히 증명하지 못했기 때문에 거센 비난에 시달려야 했어요.

강 포유강

계 동물

1700년대 내내 식물학자와 박물학자는 식물을 관찰하여 분류했고, 척추동물과 무척추동물을 연구했어요. 과학자들은 신이 지금 모습 그대로 모든 종을 창조했다는 믿음에 의문을 품기 시작했어요. 조심스럽게 종이 진화한다는 주장이 나오게 되었고, 진화에 관한 논쟁은 점점 더 열기를 띠어 갔어요.

> 처음 진화론을 공개적으로 주장하고 나선 사람은 뷔퐁의 제자인 슈발리에 드 라마르크였어요. 그는 두 힘이 서로 당기는 과정을 통해 생물이 변화한다고 주장했지요.

라마르크는 몸을 흐르는 체액들을 통해 두 힘이 일으키는 변화가 이루어진다고 주장했어요. 예를 들어 달팽이 조상이 시력이 나쁜 데다 더듬이도 없었다고 해요. 라마르크는 달팽이 조상이 주변을 알기 위해 애를 쓰다 보니, 많은 신경 체액과 다른 체액들이 머리 앞쪽으로 향했고, 그래서 어느 순간 더듬이가 생겼다고 설명했지요.

만세! 드디어 더듬이가 생겼어!

슈발리에 드 라마르크
(1744년~1829년)

1809년

하지만 이런 라마르크의 생각은 공격받기 쉬웠어요.

그의 말대로라면, 역도 선수의 아이는 우람한 근육을 갖고 태어나야 하지 않겠어요?

라마르크가 생각한 법칙

1. 라마르크는 모든 생물은 단순한 생물에서 출발하여 서서히 더 복잡하고 완벽한 생물로 변한다고 생각했어요. 그가 생각한 완벽한 생물이란 바로 사람이었지요. 그리고 단순한 생물은 축축한 밀짚 같은 무생물에서 계속 생겨난다고 주장했어요. (훗날 프랑스의 미생물학자 루이 파스퇴르는 밀짚을 끓인 뒤 놔두었어요. 하지만 아무것도 생겨나지 않았어요.)

2. 라마르크는 동물은 평생 동안 환경에 맞게 몸을 변화시키고, 바람직한 변화는 후손에게 전달된다고 생각했어요. 변화는 어떤 형질을 쓰거나 쓰지 않음으로써 나타나는데, 기린은 높은 나뭇가지에 달린 잎을 따 먹으려고 목을 쭉 뻗다 보니 길어졌을 거라고 생각했지요.

생명의 수수께끼를 풀어라!

화석의 수수께끼

오래전부터 화석은 많은 사람들에게 궁금증을 던져 주었어요. 화석이 무엇인지 알 수 없었던 때에는 화석에 마법의 힘이 깃들어 있을 거라고 믿는 사람도 있었지요. 화석이 죽은 생물의 흔적이라는 것을 알게 되자, 사람들은 왜 산꼭대기에서 바다 생물의 화석이 발견되는지 설명해 보려고 애썼어요. 그러고는 성경에 쓰인 대로 먼 옛날에 대홍수가 났을 거라고 결론을 내렸지요. 그런데 이번에는 어마어마하게 커다란 동물의 화석이 발견되었어요. 이 수수께끼는 어떻게 풀어야 좋을까요?

성경에 따르면, 대홍수가 났을 때 노아가 모든 동물들을 한 쌍씩 방주에 태웠다고 해요.

홍수가 끝나고, 새끼 쑥쑥 낳느라 고생 좀 했죠.

대홍수가 났을 거야!

1700년대 말까지 사람들은 화석이 대홍수 때 생긴 거라고 생각했어요. 성경에 쓰인 대로 40일 동안 밤낮으로 비가 내렸는데 이때 물에 빠져 죽은 생물의 흔적이 화석으로 남은 거라고 말이에요. 물이 산꼭대기까지 차서, 바다 생물들의 흔적이 거기에 남아 있는 거라고 생각했지요.

1817년

모사사우루스의 이빨 화석

거대한 화석을 남긴 동물들은……

1700년대에 모사사우루스 같은 거대 생물들의 화석이 잇달아 발견되었어요. 사람들은 성경에 노아가 모든 동물을 구했다고 했으니, 이 동물도 지금도 살아 있을 것이라고 믿었어요. 그렇다면 어디에 있는 걸까요? 몸집이 워낙 커서 숨기가 힘들 텐데 말이에요.

멸종한 거야!

프랑스의 동물학자인 조르주 퀴비에는 파리 인근에서 발견된 화석들이 수십만 년 된 것이라고 결론지었어요. 그의 연구 덕분에 지구의 나이는 6000세보다 훨씬 늘었지요. 퀴비에는 화석으로 남아 있는 동물들이 살아남지 못했다고 생각했어요. 이렇게 생물의 한 종류가 영영 사라져 버리는 것을 **멸종**이라고 해요.

화석의 수수께끼

격변설

조르주 퀴비에
(1769년~1832년)

조르주 퀴비에는 화석과 동물을 연구한 끝에 지구가 큰 변화를 몇 번 겪은 끝에 환경이 크게 변했다고 결론지었어요. 성경에 나온 대홍수는 가장 마지막에 일어난 큰 변화였으며, 그전에도 홍수, 지진, 기후 변화 등의 큰 변화가 여러 차례 일어났다고 주장했지요.

> 퀴비에가 틀렸어. 이 돌기둥에 물이 차올랐던 흔적을 보라고. 지난 2000년 사이에 땅이 바다 속으로 가라앉았다가 다시 올라온 것이 분명해.

시대를 알려 주는 암석

암석을 연구하던 지질학자 찰스 라이엘은 퀴비에의 격변설과 정반대의 견해를 내놓았어요. 그는 『지질학 원리』 첫 쪽에 고대 세라피스 신전 기둥의 판화를 싣고는, 오래전 지구에서 일어난 변화는 오늘날 볼 수 있는 것과 같이 서서히 이루어졌다고 주장했어요.

찰스 라이엘
(1797년~1875년)

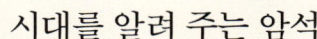

세라피스 신전

1830년   1831년

이렇게 생겼을 거야.

퀴비에는 파리 자연사박물관에서 화석 뼈로 동물의 원래 모습이 어떠했는지 재현하면서 유명해졌어요. 그가 재현한 동물 중에는 코끼리처럼 생긴 마스토돈도 있었는데, 퀴비에가 생각한 마스토돈의 모습은 놀라울 정도로 정확했어요.

라이엘이 맞았어!

1831년 영국의 젊은 박물학자 찰스 다윈은 탐사선 비글호를 타고 5년 동안 세계를 돌아다녔어요. 그는 라이엘의 책과 지층들을 비교해 보고, 실제로 지진을 겪으면서 땅이 서서히 변한다는 라이엘의 말이 옳다고 생각하게 되었어요.

생명의 수수께끼를 풀어라!

생각의 혁명

내 생각을 좋아하지 않는 사람들도 있겠지. 완벽한 증거가 필요해!

항해를 마치고 돌아온 다윈은 진화에 대한 생각을 굳혀 갔어요. 하지만 라마르크를 비롯한 학자들의 경험에 비추어 볼 때, 자신의 주장을 조리 있게 전달하기 위해서는 더 확실한 증거가 있어야 한다고 생각했지요. 그래서 그는 오랫동안 증거를 모았고, 20년이 흐른 뒤에야 자연선택 이론을 발표했어요. 그 이론은 과학자들에게 어마어마한 충격을 안겨 주었어요.

세 가지 과정을 거치면 자연선택이 이루어져!

1 변이

종을 이루는 개체들은 저마다 특징이 달라요. 즉, 변이가 나타나요. 태어나는 개체는 많지만, 살아남아 성장하는 개체는 그보다 훨씬 적어요.

우리 가운데 내가 귀도 가장 크고 털도 가장 두껍죠. 그래서 적이 오는 소리를 가장 잘 듣고 추위도 잘 이겨 내요.

1859년

『종의 기원』 출간

1859년에 나온 이 책을 통해 다윈은 생물이 어떻게 진화했는지를 설명했어요. 다윈은 나중에 더 자세한 내용이 담긴 책을 쓸 생각이었지만 결국 쓰지 못했어요.

1860년

팽팽한 싸움

7개월 뒤 영국학술협회는 옥스퍼드 대학교 박물관에서 진화론에 관한 토론회를 열었어요. "그럼, 진화했지!"라고 가장 목소리를 높인 사람은 생물학자 토머스 헉슬리였어요. "아니, 그렇지 않아!"라고 핏대를 올린 사람은 새뮤얼 윌버포스 주교였지요. 모임은 소란 속에 끝이 났어요.

윌버포스 / 헉슬리

그레이하운드는 시력이 좋고 빨리 달리는 개체들을 골라 번식시켜 나온 품종이에요.

인위선택

다윈은 가축을 기르고 작물을 재배하는 농장에서 많은 것을 배웠어요. 농장 주인들은 개체마다 작은 변이가 나타나는 것을 알고 있었어요. 개를 키우는 사람은 좋은 특징을 지닌 개들을 골라 짝짓기를 시켰어요. 새끼가 태어나면 또 그 특징을 지닌 녀석들을 골라 새끼를 갖게 했지요. 이렇게 몇 번을 거치면 특징은 더욱 두드러졌어요. 다윈은 야생에서도 이와 비슷한 과정이 일어난다고 생각했어요.

② 경쟁

경쟁하는 개체들이 워낙 많기 때문에, 약간 유리한 변이만 지니고 있어도 살아남을 가능성이 더 높아져요.

우리 가운데 누가 살아남을까? 자연이 결정하겠지, 뭐!

③ 유전

조금이라도 살아남는 데 유리한 변이를 지닌 개체는 더 많은 자손을 낳으므로, 그 변이는 다른 변이들보다 흔해져요. 그래서 여러 세대가 지나면 눈에 띄는 뚜렷한 변이, 즉 적응이 일어나요. 많은 시간이 흐르면 새로운 종이 생겨날 수도 있지요.

다윈이 쓴 다른 책들

1871년 | **1872년** | **1880년**

다윈은 자연선택이 구체적으로 어떻게 일어나는지를 다룬 책들을 계속 펴냈어요. 『인간의 유래』에서 그는 인간이 유인원과 같은 조상에서 나왔다고 주장했어요.

다윈은 『인간과 동물의 감정 표현』에서 사람이 감정을 표현하는 방식이 동물과 관련 있다고 말했어요. 그러자 과학자들은 동물의 행동에도 관심을 갖기 시작했어요.

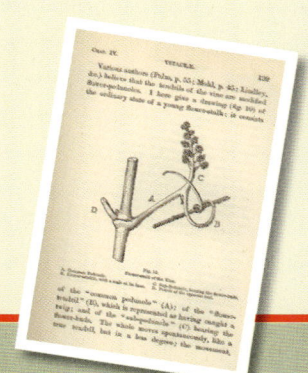

『식물의 운동 능력』에서는 더 많은 햇빛을 받기 위해 높이 오르는 덩굴 식물의 능력이 어떻게 진화했는지 설명했어요.

다윈의 모든 것

여러분이 세상을
깜짝 놀라게 할 아주 기발한 생각을
해냈다고 상상해 봐요.
그 생각을 20년이 넘도록
발표하지 않을 수 있겠어요?

그런데 찰스 다윈은
자신의 기발한 생각을 가까운 친구 말고는
아무에게도 알리지 않았어요.
비밀스럽게 이루어진 연구는
그럴 만한 가치가 있었지요.

마침내 그가 수많은 증거를 제시하면서
자연선택 이론을 발표하는 순간
세계적으로 유명해졌거든요.

약 150년이 지난
지금까지도 그의 연구는
수많은 책에 실리고 있답니다.

당신은 아내보다
표본이 더 좋아요?

다윈의 모든 것

미운 오리 새끼

제가 뭘 찾았는지 보세요!

찰스 다윈이 어렸을 때, 집안에서는 그가 의사가 되기를 바랐어요. 하지만 다윈은 책만 보는 고전 학문은 지겨웠어요. 피 냄새를 맡아야 하는 의학 수업보다는 생물을 채집하고, 자연을 탐험하는 일이 훨씬 재밌었지요. 다윈의 아버지는 다윈이 사냥이나 즐기는 게으름뱅이가 될까 봐 걱정했어요. 하지만 결과는 어땠을까요? 찰스 다윈은 가장 위대한 과학자 중 한 사람이 되었어요!

다윈의 가족

다윈의 집안은 부유했어요. 다윈의 외할아버지는 도자기 사업으로 큰 성공을 거둔 조사이어 웨지우드였지요. 친할아버지 이래즈머스 다윈은 대단히 존경받는 의사이자 생물학자였고, 아버지 역시 의사였어요.

일곱 살 때의 다윈

조사이어 웨지우드

다윈, 차 한 잔 할까?

이래즈머스 다윈

마운트에 있는 다윈 일가의 집

1794년 이래즈머스 다윈이 펴낸 과학 책 『주노미아』는 학계에 큰 영향을 끼쳤어요. 그는 진화에 대한 생각을 시처럼 운율에 맞추어 썼지요.

웨지우드 회사에서 만든 찻잔

"개에게 총질을 해대고 쥐 잡는 일에만 관심이 있으니,

미운 오리 새끼

학창 시절

다윈은 열여섯 살 때 의사가 되기 위해 스코틀랜드에 있는 에든버러 대학교에 들어갔지만, 수술하는 것이 성미에 맞지 않았어요. 그는 성직자가 되기 위해 다시 영국 케임브리지 대학교에 들어갔어요. 그곳에서 다윈은 신학을 열심히 공부하는 대신 동식물에 관심이 많은 친구들과 어울렸어요.

에든버러 동물학 강사인 로버트 그랜트는 다윈처럼 해양생물에 관심이 있었어요. 둘은 함께 바닷가에서 해양생물들을 채집했지요. 다윈은 케임브리지 식물학 교수 존 헨슬로와 마음이 더 잘 맞았어요. 헨슬로는 식물, 곤충, 화학, 광물, 지층에 대해 아는 것이 많았어요. 둘은 희귀한 동식물들을 찾아 시골을 돌아다녔어요.

"웅이, 가스!"

다윈은 형과 함께 정원의 공구 창고에서 화학 실험을 했어요. 그들은 밤늦게까지 실험실에서 이런저런 기체를 섞어 보았어요. 그래서 학교 친구들은 다윈을 '가스(기체)'라고 불렀어요. 교장 선생님은 과학 실험보다 라틴어와 희랍어를 배우는 것이 더 중요하다며 다윈을 나무랐지요.

웩! 토할 것 같아!

다윈은 새, 토끼, 여우 등을 사냥하는 것을 무척 좋아했어요. 친척 집인 메이어나 우드 하우스는 그가 자주 가는 곳이었지요. 다윈은 아침에 재빨리 사냥을 나설 수 있도록 사냥 부츠를 침대 옆에 놓고 잤어요. 그는 단춧구멍에 실을 매달아 놓고 새를 잡을 때마다 매듭으로 표시를 해 두었지요.

"집안의 수치가 될 게다."

―로버트 다윈, 찰스 다윈의 아버지

다윈의 모든 것

인생을 바꾼 여행

졸업 시험을 본 뒤 다윈은 앞으로 무엇을 할지 결정하지 못한 채 집으로 돌아왔어요. 집에는 그의 인생을 바꿀 편지가 와 있었어요. 바로 존 헨슬로 교수가 보낸 편지였지요. 헨슬로가 세계를 항해할 탐사선 비글호의 박물학자 자리를 거절하면서, 대신 다윈을 추천했던 거예요.

비글호의 선장인 로버트 피츠로이는 다윈을 배에 태우지 않으려고 했어요. 다윈의 코가 마음에 들지 않았거든요.

비글호는 73명의 선원을 태우고 출항했어요.

세계 일주 항해 티켓
비글호의 탑승을 환영합니다.

세계 일주

비글호는 1831년 12월 영국을 떠나 세계를 누빈 후 5년 뒤인 1836년 10월 돌아왔어요.

다윈의 망원경

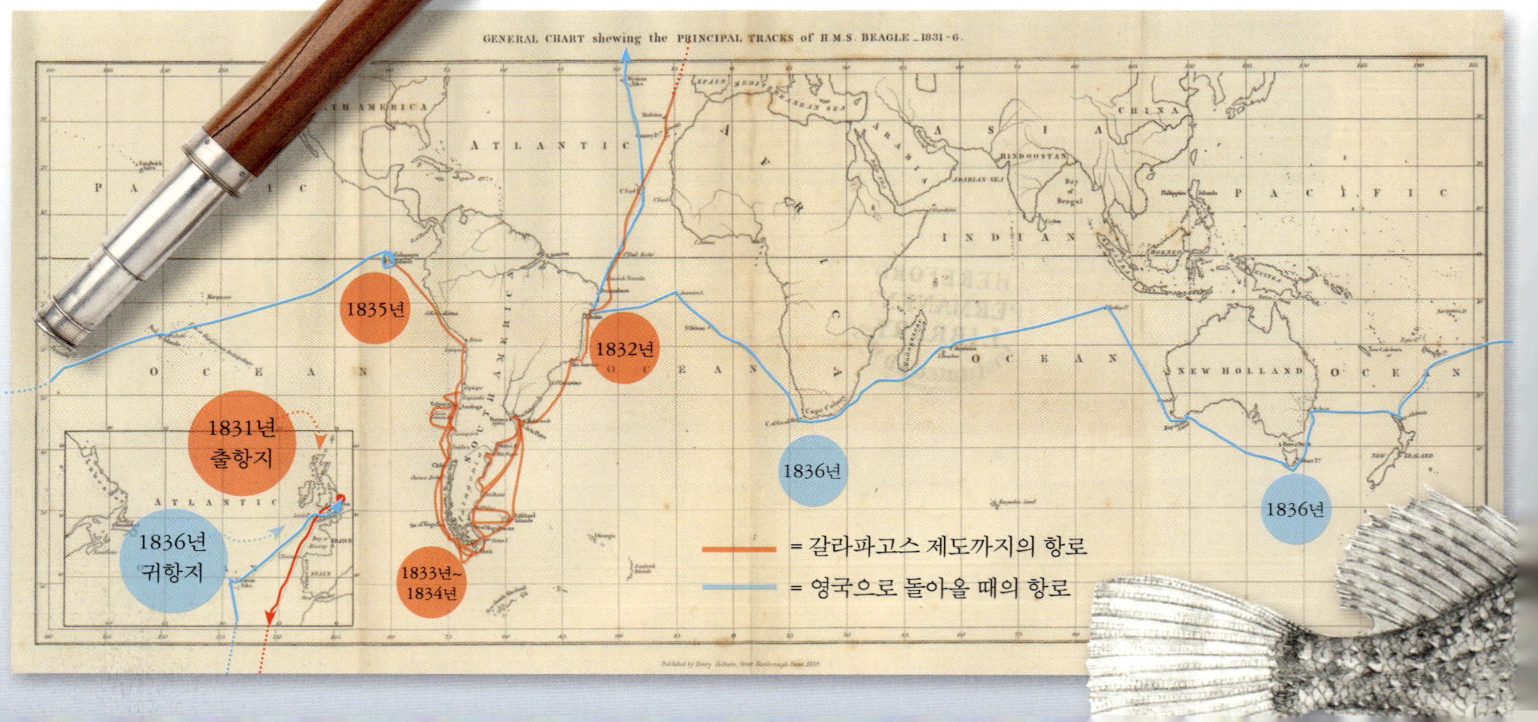

GENERAL CHART shewing the PRINCIPAL TRACKS of H.M.S. BEAGLE 1831-6.

1835년
1832년
1831년 출항지
1836년
1836년 귀항지
1833년~1834년
1836년

━ = 갈라파고스 제도까지의 항로
━ = 영국으로 돌아올 때의 항로

인생을 바꾼 여행

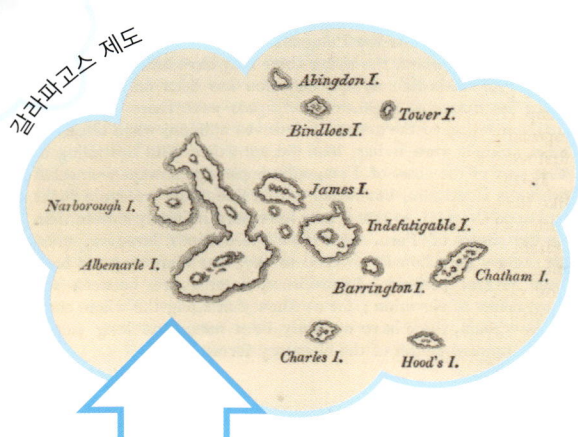
갈라파고스 제도

다윈은 갈라파고스 제도에서 세계에서 가장 큰 육지거북을 보았어요. 섬사람들은 거북의 등딱지만 보아도 어느 섬에 사는지 알 수 있었어요.

부리의 수수께끼
다윈은 잡은 새들의 부리 모양이 제각각이라는 데 흥미를 느꼈어요. 그는 돌아온 뒤에야 자신이 채집한 새 13종이 모두 핀치류라는 것을 알아차렸어요. 나중에 그는 핀치류가 공통 조상에서 진화했으며, 각 종이 살기 위해 서로 다른 먹이에 적응하면서 부리 모양이 달라졌다고 결론지었어요.

신기한 섬들
비글호는 남아메리카 해안선을 약 4년 동안 조사한 뒤 화산섬으로 이루어진 갈라파고스 제도로 향했어요. 다윈은 섬들을 돌아다니면서 암석과 식물을 많이 채집했고, 사냥 실력을 발휘하여 동물들을 잡아서 영국으로 가져왔어요.

바다이구아나

바다이구아나는 바다에서 헤엄치며 먹이를 잡는 유일한 이구아나예요. 먹이를 먹은 뒤에는 바위로 올라와 몸을 덥히지요.

유명해지다
1839년 8월 다윈은 비글호 항해 일지를 책으로 냈어요. 자신이 들른 곳과 만난 사람들에 관한 이야기를 담은 책이었지요. 이 책으로 다윈은 인기 작가가 되었어요.

다윈이 채집하여 술 단지에 보존한 앵무고기

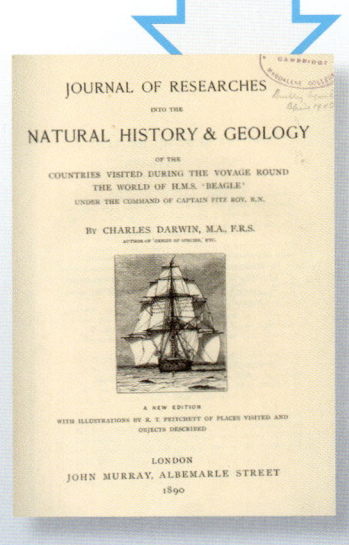

채집과 기록
다윈은 항해하는 동안 수천 점의 표본을 채집했어요. 그와 조수 심스 코빙턴은 동물의 속을 제거하고 솜을 채워 넣거나 술 단지에 담근 뒤 밀봉하여 표본이 썩지 않게 했어요. 돌아온 뒤 그는 표본들을 여러 식물학자와 박물학자에게 보냈고, 그들은 표본들을 세밀화로 그렸어요.

박물학자 레너드 제닌스가 그린 다윈의 쏨뱅이류 표본

다윈의 모든 것

좋은 일과 나쁜 일

드디어 다윈이 돌아왔대!

와, 저 다윈 씨 팬이에요!

영국으로 돌아온 다윈은 이미 과학계에서 유명해져 있었어요. 헨슬로가 다윈이 항해 중에 보낸 편지들을 다른 과학자들에게 보여 주었기 때문이었지요. 다윈은 일지를 정리하고 채집한 표본들의 목록을 작성하기 시작했어요. 하지만 마음처럼 일이 척척 진행되지는 않았어요.

✚ 수수께끼의 병

다윈은 영국으로 돌아온 직후부터 심한 통증과 어지럼증을 느꼈어요. 아버지를 비롯한 의사들은 병의 원인이 무엇인지, 어떻게 해야 나을지 알아내지 못했어요. 어쩌면 항해 도중 만난 동물에게서 옮은 것은 아닐까요? 다윈은 살아 있는 동안 줄곧 이 수수께끼 같은 병에 시달렸고, 그래서 집에 틀어박혀 지낼 수밖에 없었어요.

우리 결혼했어요!

다윈은 사촌인 엠마 웨지우드와 결혼했어요. 그녀는 정리정돈을 안 해서 '지저분한 아가씨'로 불렸지만, 다윈은 개의치 않았어요. 다윈 가족은 셋째가 태어나기 직전에 런던을 떠나 그리 멀지 않은 곳에 있는 정원이 딸린 큰 집 다운 하우스로 이사했어요. 그곳에서 다윈은 엠마와 아이 열 명을 키우며 행복하게 살았어요.

다운 하우스

다윈 씨, 편지 왔어요!

좋은 생각이 났다고요?
그럼 다윈 씨에게 편지를 써 보세요.

편지 쓰기의 달인

다윈은 집에 틀어박힌 채 사람들과 꾸준히 편지를 주고받았어요. 다윈이 편지로 사귄 사람은 무려 2,000명이 넘었어요. 과학자뿐만 아니라 정원사, 사냥터지기, 농부, 사육사, 여행자 등 무척이나 다양했지요. 다윈은 14,000통이 넘는 편지를 받았고 7,000통 이상을 썼어요.

비밀 공책

1837년 7월, 다윈은 종교적 세계관이 뿌리내리고 있던 유럽에 엄청난 논쟁을 불러일으킬 생각을 품기 시작했어요. 그는 자신의 생각을 공책에 쓰기 시작했고, 공책은 곧 여러 권으로 불어났어요. 하지만 그는 그 생각을 아무에게도 알리지 않았어요.

그는 동물들의 공통 조상을 보여 주는 가계도를 그렸어요. 그는 시간이 흐르면서 생물들이 변한다고 믿었어요. 그렇다면 과연 어떤 과정을 통해서 진화가 일어났을까요? 다윈은 자신의 생각을 뒷받침할 증거를 모으고 실험을 하기 시작했어요.

박쥐의 날개는 길어진 발가락뼈들이 지탱하고 있어요.

공통의 뼈

모든 포유동물은 발가락뼈의 기본 형태가 똑같아요. 그것은 바로 그들이 공통 조상에서 나왔음을 말하지요.

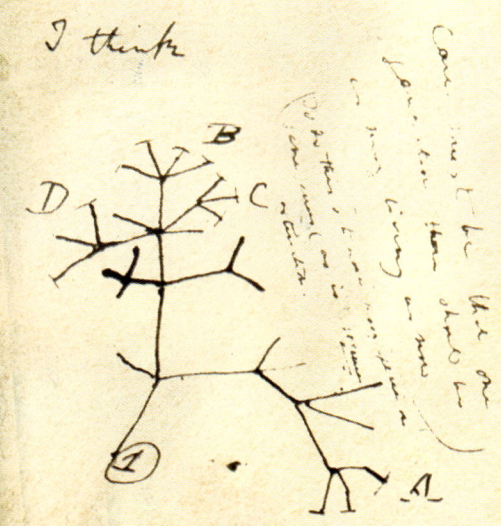

늑대의 발

돌고래의 지느러미발

박쥐의 날개

다윈은 가장 가까운 친구 두 명에게만 진화에 관한 자신의 생각을 털어놓았어요. 바로 지질학자인 찰스 라이엘과 식물학자인 조지프 후커였지요.

다원의 모든 것

박물학자 다원

다원은 하루의 대부분을 서재나 정원에서 실험하고 식물과 동물과 암석을 분석하는 데 보냈어요. 그는 비밀 공책을 종이 진화한다는 증거들로 가득 채웠어요. 1844년 그는 진화론을 설명할 약 200쪽의 원고를 썼지만, 발표하지 않고 증거를 더 모으는 일에만 열중했어요.

다원의 현미경

다원의 표본이 담긴 서랍

다원은 비글호 항해 때 생물 1,529종과

정원의 실험실

다운 하우스의 정원은 다원의 연구실이 되었어요. 다원은 식물들과 가득한 정원 안에 온실을 짓고, 식물의 꽃가루받이, 수정, 적응 능력을 알아보는 여러 실험을 했어요.

이런! 난초였잖아! 멀리서 벌인 줄 알고 왔더니만.

다원의 일과 : 아침식사 전에 산책, 08:00—서재에서 연구, 09:30—편지 읽기, 10:30—일, 12:00—산책, 13:00—점심, 13:30—일

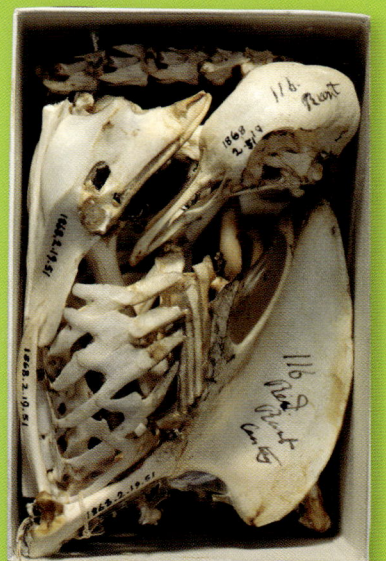

비둘기 연구

다원은 여러 품종의 애완용 비둘기를 구입하여 특징들을 분석해 보고는, 그 품종들이 모두 양비둘기의 후손이라고 확신했어요. 비둘기들은 한 종류의 동물에서 색깔, 모양, 깃털, 뼈 구조에 얼마나 많은 변이가 나타나는지를 보여 주었지요.

다원이 진화 연구를 위해 키우고 조사한 뒤 라벨을 붙여 보관한 비둘기의 뼈

생쥐의 뼈대

온 집안 총 출동

다원의 연구를 돕기 위해 가족들이 동원되기도 했어요. 아이들은 뒤영벌이 어떤 모양을 그리며 나는지 관찰하거나 거미집의 위치를 기록하곤 했어요. 가정교사까지 나서서 초원에 있는 식물 종수를 세기도 했지요. 하인들은 다원이 뼈를 연구할 수 있도록 죽은 쥐나 새를 솥에 넣고 삶았어요.

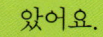

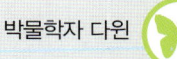
박물학자 다윈

화석 연구
다윈은 남아메리카에서 온몸에 갑옷을 두른 거대한 동물인 글립토돈의 화석을 발견했어요. 그는 수십만 년 전에 살았던 이 화석이 아르마딜로와 비슷하다는 것을 알아차렸어요. 이것은 종이 진화했다는 또 다른 증거가 아닐까요?

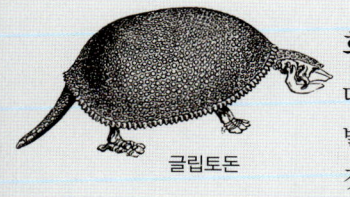
글립토돈

아르마딜로

따개비 연구
다윈은 특정한 종의 전문가가 되고자, 따개비를 연구하기 시작했어요. 다윈은 점점 따개비에 빠졌고, 무려 8년 동안 여러 곳에서 받은 엄청난 양의 따개비와 따개비 화석 표본을 연구했어요. 그는 따개비 종이 아주 많으며 모든 종이 서로 친척이라는 것을 알아냈어요.

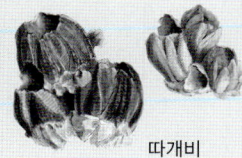
따개비

다윈이 발견한 레아
다윈은 남아메리카에서 희귀한 레아 종을 발견했어요. 이 종은 그곳에 더 많이 있는 일반 레아와 달랐어요. 두 종이 공통 조상의 후손이었을까요?

다윈레아

기타 표본 3,907점을 채집했어요.

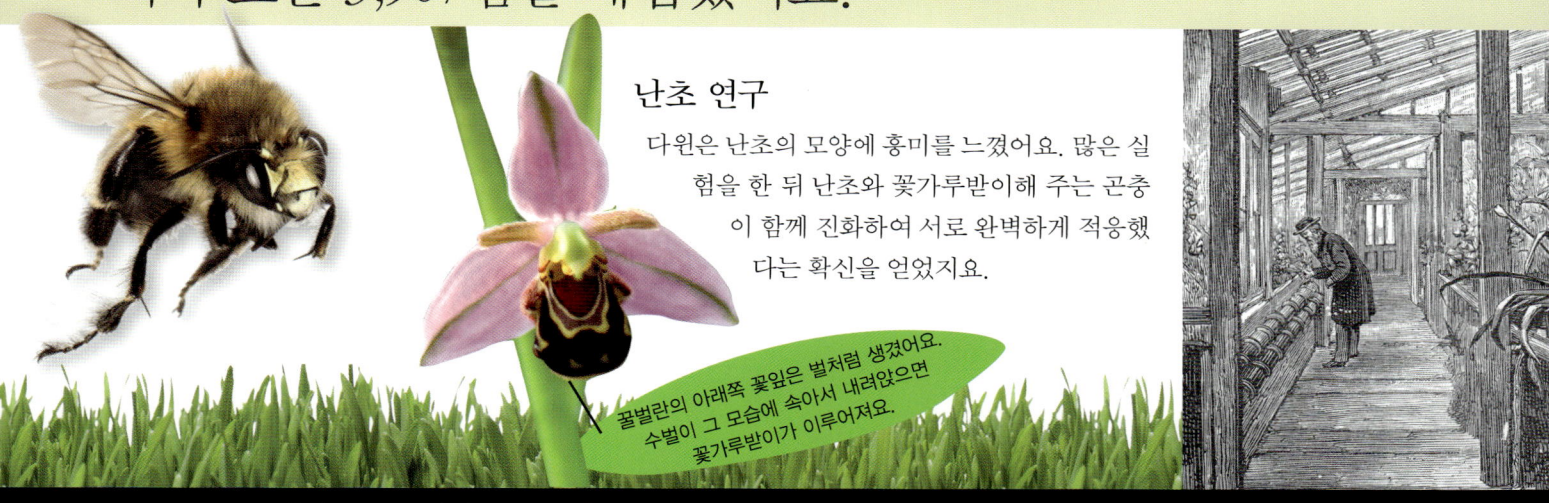

난초 연구
다윈은 난초의 모양에 흥미를 느꼈어요. 많은 실험을 한 뒤 난초와 꽃가루받이해 주는 곤충이 함께 진화하여 서로 완벽하게 적응했다는 확신을 얻었지요.

꿀벌란의 아래쪽 꽃잎은 벌처럼 생겼어요. 수벌이 그 모습에 속아서 내려앉으면 꽃가루받이가 이루어져요.

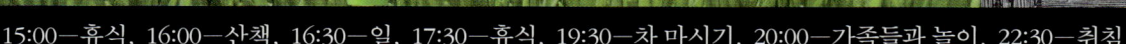
15:00—휴식, 16:00—산책, 16:30—일, 17:30—휴식, 19:30—차 마시기, 20:00—가족들과 놀이, 22:30—취침

채집 상자 만들기
준비물: 신발 상자, 성냥갑, 골판지, 신발 끈

① 신발 상자를 예쁘게 꾸며요.

성냥갑

② 신발 상자 안에 딱 맞게 골판지를 세 장 잘라요.

③ 골판지에 구멍을 뚫은 다음 신발 끈을 꿰어 고리를 만들어요. 상자들을 골판지에 풀로 붙여서 표본을 넣을 칸막이를 만들어요.

④ 신발 상자에 완성된 칸막이들을 붙이고 나면 채집 상자 완성!

⑤ 표본이 너무 크다고요? 성냥갑끼리 맞붙은 부분을 잘라내어 칸을 크게 만들면 되죠.

다윈의 모든 것

가장 나은 것 선택하기

오랜 세월 사람들은 더 잘 자라고 더 맛있는 식물을 골라 심어서 품종을 개량했어요. 이와 마찬가지로 다윈은 자연에서도 종이 자연선택 과정을 통해 진화했다는 결론에 이르렀어요. 다윈은 다양한 양배추의 모습이 대표적인 사례라고 보았지요.

잎이 뭉친 싹

뼈기에 눈부들은 줄기를 따라 잎이 뭉친 싹들이 빽빽하게 달린 양배추를 골라 심었어요. 오랜 세월이 흐르자 그런 싹들이 점점 더 많이 자라는 개체들이 나왔고, 1700년대가 되자 방울다다기양배추가 탄생했어요.

줄기 끝의 꽃

남부 유럽 농부들은 줄기 끝에 꽃들이 다닥다닥 뭉쳐 피는 양배추를 골라서 심기 시작했어요. 1400년대 무렵 속이 꽉 찬 꽃양배추가 나왔어요. 약 100년 뒤에는 이탈리아에서 브로콜리가 나왔지요.

다닥다닥 붙은 잎

줄기 끝에 잎이 다닥다닥 뭉친 케일의 씨를 선택하기 시작하면서 큰 잎들이 다닥다닥 겹친 양배추 잎들이 생겨났어요. 수백 세대가 지나면서 이 식물은 점점 더 큰 잎들이 몸 전체를 겹겹이 감싼 형태가 되었어요. 이 과정은 서기 1세기에 마무리되었어요.

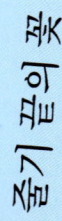
방울다다기양배추

브로콜리

꽃양배추

양배추

접힌 잎 + 줄기 끝의 꽃 =
꽃양배추와 브로콜리

큰 잎 + 접힌 잎 = 양배추

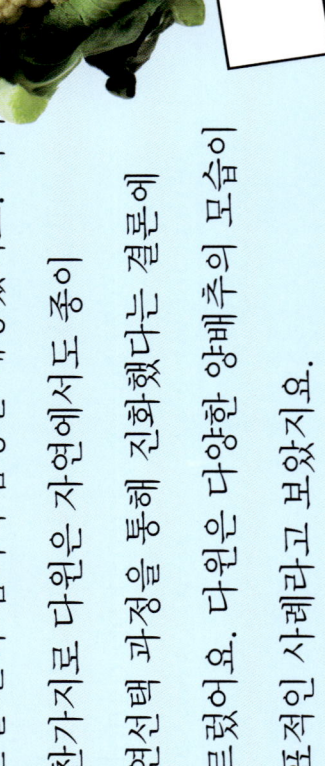

인위선택을 통해
양배추과 식물들이 다양해졌어요.

농부들은 꽃가루받이를 이용하여 서로 다른 양배추 식물들을 교배시켜서 새다른 모양의 품종들을 만들어 냈어요. 이 과정을 땀꽃가루받이라고 해요.

붉은색양배추
배추

브로콜리

+ =

처음 모습은 이랬어요!

야생 양배추

잎채소
야생 양배추는 유럽의 지중해 근방에서 자생하는 겨자류의 일종이에요. 고대 사람들은 이 채소를 받아 잎채소로 기르기 시작했어요. 이들에는 잎이 가장 큰 식물의 씨를 골라서 심었지요. 그러자 잎이 더 큰 식물들이 나오기 시작했어요.

큰 잎
기원전 5세기경 오그라든 큰 잎을 지닌 식물이 출현했어요. 바로 케일이지요. 케일은 지금까지 재배되는 가장 오래된 작물 중 하나예요.

케일
콜라비

큰 잎 + 굵은 줄기 = 콜라비

굵은 줄기
그 뒤 500년 동안 사람들은 짧고 굵고 줄기가 땅은 줄기를 지닌 케일을 선택해서 심었어요. 줄기가는 점점 더 굵어졌고 콜라비가 탄생했지요. 오늘날에는 줄기가 흰색, 녹색, 자주색인 콜라비도 있어요.

다윈의 모든 것

생존을 건 싸움

많은 동물들이 해마다 수백 개의 알을 낳지만, 그 가운데 살아남아서 다시 짝짓기를 할 수 있는 수는 아주 적어요. 오랜 세월이 흐른 뒤에야 다윈은 그 죽음이 자연선택 과정을 앞당기는 것일 수 있음을 깨달았어요.

다윈이 『종의 기원』을 출간하기 9년 전 시인 앨프레드 로드 테니슨은 『인 메모리엄』(1850)을 썼어요. 그 시에는 1800년대에 다윈의 자연선택 개념을 싫어한 사람들의 생각을 대변하게 될 구절이 나오지요.

"이빨과 발톱을 붉게 물들인 자연……"

1798년 성직자인 토머스 맬서스는 『인구론』을 펴냈어요. 그는 기근과 질병만이 인구 증가를 억제한다고 썼지요. 그 글은 다윈의 진화 사상에 큰 영향을 주었어요.

다윈이 내 책을 읽은 게 1838년이라니. 40년이나 흐른 뒤잖아.

"식물이 해마다 천 개의 씨를 만드는데, 그중 다 자라는 것이 오직 하나뿐이라면, 그야말로 진정으로 투쟁이라고 말할 수 있을 것이다."
— 찰스 다윈

알에서 깨어난 올챙이들이 개구리가 될 때까지 모두 살아남는다면

생존을 건 싸움

어린 개구리 **수백 마리**가 태어나면 그 가운데
대부분은 포식자에게 먹혀요.
많은 개구리는 병에 걸려 죽어요.
어떤 개구리는 굶어죽지요.
결국에는 **한두 마리**만 살아남아서 번식해요.

살아야 한다!
살아야 한다!

10년 안에 세상은 무릎까지 개구리들 속에 잠길 거예요.

다윈의 모든 것

살아남고 말 거야!

다윈은 살아남아 번식하는 개체들이 경쟁자들보다 살아남는 데 유리한 점이 있음을 깨달았어요. 이 개체들은 자연적으로 선택되어 자손을 남기므로, 자신의 유용한 특징을 물려줄 가능성이 더 높아지지요.

자연선택에서 이긴 특징들

화려한 깃털

수컷 공작의 꼬리가 거추장스러워 보이나요? 하지만 암컷 공작이 보기에는 꼬리에 눈 장식이 가장 많은 수컷이 더 매력적이에요. 그렇기 때문에 그런 수컷은 다른 수컷 공작들보다 더 많은 암컷 공작을 차지하여 자손을 남길 거예요. 그 결과 세월이 흐르면서 꼬리 깃털은 더 화려해졌지요.

튼튼한 뿔

수사슴들은 암컷을 차지하기 위해 뿔을 맞대고 싸워요. 커다란 뿔을 가진 힘센 사슴은 짝을 얻어 그 힘과 큰 뿔을 후손에게 물려주었지요. 세월이 흐르면서 수사슴은 암사슴보다 훨씬 몸집이 커졌고 아주 큰 뿔을 갖게 되었어요.

천재적인 위장술

붉은뇌조는 갈색의 히스 덤불에 살고 멧닭은 회색 이탄 늪지에 살아요. 그들의 깃털 색깔은 자기 환경과 잘 어울리기 때문에 포식자들을 피할 수 있지요. 만약 멧닭이 히스 덤불에 살았다면 어땠을까요? 금방 포식자의 눈에 띄었겠지요?

딴꽃가루받이

꽃을 피우는 식물 가운데 딴꽃가루받이하는 식물이 생긴 건 딴꽃가루받이를 하는 개체가 제꽃가루받이를 하는 개체를 경쟁에서 이길 수 있었기 때문이에요. 오늘날 볼 수 있는 화려한 꽃들 중에는 건강한 자손을 많이 낳기 위해 딴꽃가루받이를 하는 쪽으로 적응한 것들이 많아요.

가장 잘 적응한 것만!

자연선택이 일어나려면, 개선될 수 있는 특징이 있어야 해요. 다윈은 작은 고기 조각을 끈끈이주걱에 주었어요. 그러자 끈끈이주걱은 더 빨리 자라 더 많은 꽃을 피웠어요. 이것을 보고 다윈은 곤충을 잡아 소화시킬 수 있는 능력이 살아남는 데 바람직한 형질이라고 결론지었어요.

나도 고기 줘! 배고파!

왜 그럴까?

곤충들은 식물 사이를 다니면서 꽃가루를 옮겨요. 그래서 망을 씌우지 않은 화분에서는 식물들이 딴꽃가루받이를 하여 잘 자라는 씨를 맺었어요. 하지만 망을 씌운 화분에서 자라는 식물들은 곤충이 오지 못해서 제꽃가루받이를 했고, 더디게 자라는 씨를 맺은 거예요.

다윈의 실험 따라 하기

살아남고 말 거야!

다윈은 좁은잎해란초를 실험하여 제꽃가루받이를 하는 개체가 딴꽃가루받이를 하는 개체보다 살아남는 데 유리한 점을 지닌다는 것을 보여 주었어요. 우리도 그 실험을 한번 해 볼까요? 좁은잎해란초 말고도 꼬투리에 씨가 맺히는 식물이라면 다 좋아요.

1. 여섯 개의 화분에 각각 식물을 키워요. 곤충이 오지 못하게 화분 세 개에는 촘촘한 망을 씌워요.

2. 꼬투리가 생길 때까지 기다려요. 각 화분에서 가장 좋은 꼬투리 다섯 개를 골라요.

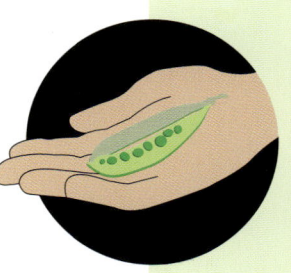

3. 각 꼬투리에 든 씨의 개수를 세어 기록해요. 어때요? 망을 씌우지 않은 화분의 꼬투리에 씨가 더 많이 들어 있지 않나요?

4. 이제 망을 씌운 화분과 그렇지 않은 화분의 씨를 열 개씩 골라 다시 화분에 심어요. 헷갈리지 않도록 표시를 해 둔 다음 키워요.

5. 자라는 식물들의 길이를 재 보아요. 망을 씌운 화분의 씨앗을 심은 쪽이 키가 더 작을 거예요.

33

다윈의 모든 것

경이로운 눈

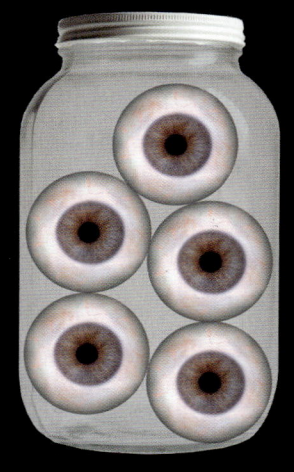

사람의 눈은 굉장해요. 온갖 색깔을 구별해서 볼 수 있고, 얼마나 멀리 떨어져 있는지도 알 수 있지요. 다윈은 사람의 눈 진화를 자연선택으로 설명하기 가장 어려운 예 가운데 하나로 꼽았어요. 다윈은 사람의 눈이 단순한 것에서 복잡한 것으로 서서히 적응해 왔다고 확신했어요. 각 단계의 눈은 그 생물에게 유용했고, 가장 나은 변이가 대물림되면서 눈은 다양해졌어요.

오늘날의 과학자들이 생각하는 사람의 눈 진화 과정

❶ 빛에 민감한 부분

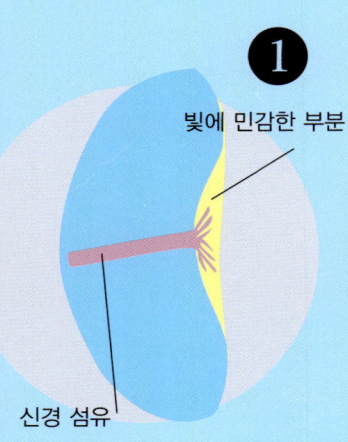

맨 처음 어떤 생물의 피부에 빛에 조금 민감한 부분이 있었다고 해요. 아마도 그 부분은 개체가 포식자를 피해 살아남는 데 약간의 도움을 주었을 거예요.

나는 창고기야. 내 눈은 당신네 조상의 눈과 똑같다고.

❷ 바늘구멍

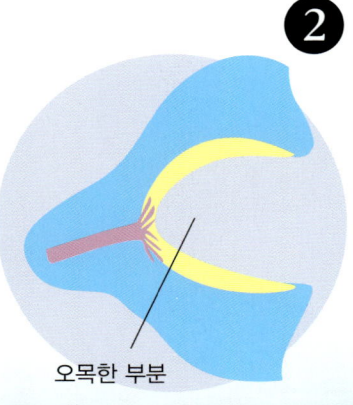

세월이 흐르면서 빛에 민감한 부분이 오목해졌고, 그럼으로써 좀 더 선명하게 볼 수 있게 되었어요. 그리고 거의 같은 때 오목한 홈의 앞쪽이 서서히 좁아짐으로써 빛이 작은 구멍을 통해 들어오게 되었을 거예요. 멍게의 눈처럼 말이에요.

❸ 시력 향상

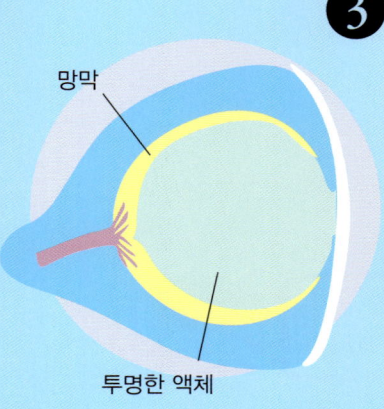

눈 뒤쪽에 세포 수가 늘고, 표면이 좀 더 둥글어지고, 투명도가 약간 증가하면서 시력이 나아졌을 거예요. 먹장어의 눈처럼 말이지요.

나는 먹장어야. 멍게보다 더 잘 볼 수 있지!

❹ 거의 완벽한 눈

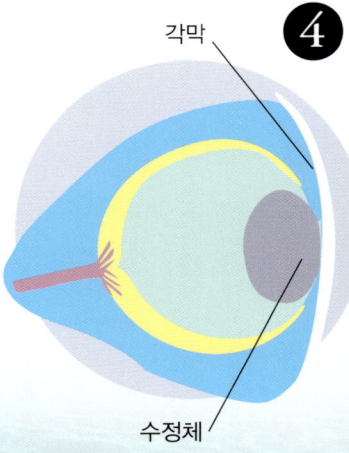

이윽고 눈 뒤쪽에 자리한 빛에 민감한 부분은 많은 세포들로 이루어진 망막이 되었고, 눈의 앞쪽에는 상이 망막에 좀 더 선명하게 맺히게 하는 수정체가 생겼어요. 칠성장어는 우리와 아주 비슷한 눈을 갖고 있지요.

시계공은 있다?

1802년 성직자 윌리엄 페일리는 『자연 신학』에서 다음과 같이 주장했어요. "들판에서 우연히 시계를 발견했다면 그 시계를 만든 사람도 분명히 있을 거라고 생각하지 않는가? 이와 마찬가지로 사람의 눈처럼 복잡하고 경이로운 기관이 있다면 이를 만든 창조자도 있다고 확신할 수 있지 않겠는가?"

경이로운 눈

사람의 눈

우리 눈은 마치 사진기의 렌즈와 같아요. 눈을 움직여서 다른 곳을 볼 수 있고, 또 수정체의 모양을 바꾸어 망막에 상이 맺히도록 초점을 조절할 수 있지요. 하지만 완벽하지는 않아요. 시신경이 눈 안쪽에 놓여서 망막에 상이 맺히지 않는 부위가 있기 때문이에요. 그 부위를 '맹점'이라고 해요.

완벽한 눈

문어의 눈은 사람의 눈과 아주 비슷하지만, 그 눈은 독자적으로 진화했고 우리 눈보다 나은 점이 많아요. 먼저 시신경이 망막 뒤쪽에 있기에 맹점이 없어요. 수정체의 모양이 변하지 않는 대신 수정체와 망막의 거리를 조정하여 초점을 맞추지요.

이게 바로 멋진 우리 눈이지!

최고의 눈

눈알 전체 모양이 변하면서 초점을 맞춰요.

지금 내가 어디를 보고 있게?

맹점을 찾아보자!

왼쪽 눈을 감고 +를 봐요. 눈을 점점 가까이 갖다 대요. 오른쪽의 점이 보이지 않는 곳이 바로 맹점이에요.

     ●

베스트셀러

다윈의 모든 것

1858년 다윈은 젊은 박물학자 앨프레드 러셀 월리스의 편지를 받고는 지난 20년 동안 비밀에 붙였던 연구를 발표하기로 결심했어요. 이듬해 11월 24일에 다윈의 자연선택 이론이 실린 『종의 기원』이 1,250부 출간되었어요. 책은 그날 하루 만에 다 팔려 버렸지요.

합동 발표회

또 한 명의 진화론자

앨프레드 러셀 월리스라는 젊은이는 다윈과 편지를 주고받던 수많은 사람 가운데 한 명이었어요. 월리스는 말레이 제도를 돌아다니며 표본을 채집하다가, 1858년에는 열병에 걸려 요양하고 있었어요. 섬에 사는 동물들에 대해 생각하던 중 그는 자연선택이 생물 개체군의 크기를 통제한다는 다윈과 비슷한 결론에 이르렀어요.

다윈은 월리스의 편지를 읽고는 충격에 휩싸였어요. 이 무렵 다윈의 집안에서는 큰 근심거리가 있었어요. 두 아이가 심하게 앓고 있었던 거지요. 큰 딸 애니가 일곱 살의 나이로 이미 죽었기 때문에, 그는 자식을 더는 잃고 싶지 않았어요. 다행히 딸 헨리에타는 회복했지만, 막내아들은 세상을 떠나고 말았어요.

다윈에게 편지를 써야지! 그가 내 생각을 이해해 줄까?

오잉?

이럴 수가! 월리스가 자네와 같은 생각을 했군!

다윈은 친구인 라이엘과 후커에게 이 사실을 털어놓았어요. 그러자 그들은 과학자들 앞에서 다윈과 월리스의 진화론 논문이 발표되도록 합동 발표회를 주선했어요.

베스트셀러

꼭 읽어야 할 책!

데일리 뉴스

104,000부 판매!
다원, 평지풍파를 일으키다

1859년 『종의 기원』이 출간되자 다윈의 진화론을 지지하는 쪽과 비판하는 쪽 사이에 열띤 논쟁이 벌어졌어요. 이 소동을 지켜본 사람들은 오히려 그 책을 읽고 싶어졌지요.

1901년 초판 저작권 기한이 끝날 때까지 원서는 56,000부, 값싸게 만든 염가본은 48,000부가 팔렸어요. 그 책을 낸 뒤 다윈은 이렇게 말했어요. "소동이 벌어질 거라고 생각하고 늘 두려워했는데, 막상 내가 쓴 책이 성공을 거두니 기쁘다."

ON
THE ORIGIN OF SPECIES
BY MEANS OF NATURAL SELECTION,
OR THE
PRESERVATION OF FAVOURED RACES IN THE STRUGGLE FOR LIFE.

By CHARLES DARWIN, M.A.,
FELLOW OF THE ROYAL, GEOLOGICAL, LINNÆAN, ETC., SOCIETIES;
AUTHOR OF "JOURNAL OF RESEARCHES DURING H. M. S. BEAGLE'S ROUND THE WORLD."

책의 원래 제목은 아주 길어요. 『자연선택을 통한 종의 기원, 즉 생존 경쟁에서 유리한 종족의 보존에 관하여』이죠.

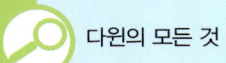 다윈의 모든 것

지렁이 연구

다윈은 『종의 기원』을 출간한 뒤에도 자신이 주장한 이론을 식물과 인간에 적용한 책들을 여러 권 썼어요. 하지만 마지막에는 다시 세부적인 연구로 돌아섰어요. 바로 지렁이의 행동 연구였죠.

연주를 계속해요! 지렁이가 춤을 추는구려!

땅속을 꿈틀꿈틀

다윈은 지렁이가 땅을 기름지게 하는 데 아주 중요한 역할을 했다고 생각했어요. 그것을 입증하기 위해 온 가족을 동원하여 실험하기도 했지요. 가족들은 각기 다른 악기를 연주하면서 지렁이가 반응하는지 살펴보았어요. 다윈은 지렁이가 듣지는 못하지만, 진동을 몸으로 느낀다는 것을 알았지요.

쩝쩝, 저녁거리다!

진동이 느껴지는걸.

두더지가 오는 것 아냐? 도망쳐!

비가 오는 게 아닐까? 난 축축한 게 너무 좋아.

지렁이 부르기
갈퀴를 땅에 박은 뒤 앞뒤로 부드럽게 흔들어 봐요. 지렁이들이 땅 위로 기어 나올걸요?

지렁이 연구

오해와 진실

그동안 다윈의 생애와 업적에 관해 온갖 이야기가 떠돌았어요. 그중에 몇 가지 잘못 알려진 사실들을 바로잡아 봐요.

다윈은 갈라파고스 제도에서 진화론을 구상했다?

땡! 그는 항해를 마치고 돌아온 뒤에야 진화론을 생각했어요.

다윈이 쓴 책의 제목은 그 종의 기원(Origin of the species)이다?

땡! '그(the)'를 덧붙이면 다윈이 특정한 한 종의 기원에 대해 썼다는 의미가 돼요. 하지만 그 책은 어느 한 종의 기원을 다룬 것이 아니에요.

다윈이 적자생존이라는 표현을 만들어 냈다?

땡! 그 용어를 만든 건 영국의 철학자 허버트 스펜서예요.

다윈은 인간은 원숭이에서 나왔다고 말했다?

땡! 다윈은 단지 원숭이, 유인원, 인간이 공통 조상을 지닌 것이 분명하다고 썼어요.

영웅의 묘지

1882년 4월 19일, 다윈은 숨을 거두었어요. 다윈은 자신의 장례가 조용하게 치러졌으면 했지만, 과학계에서는 그를 위해 성대한 장례식을 치렀어요. 그는 영국 런던의 웨스트민스터 대성당에 묻혔어요.

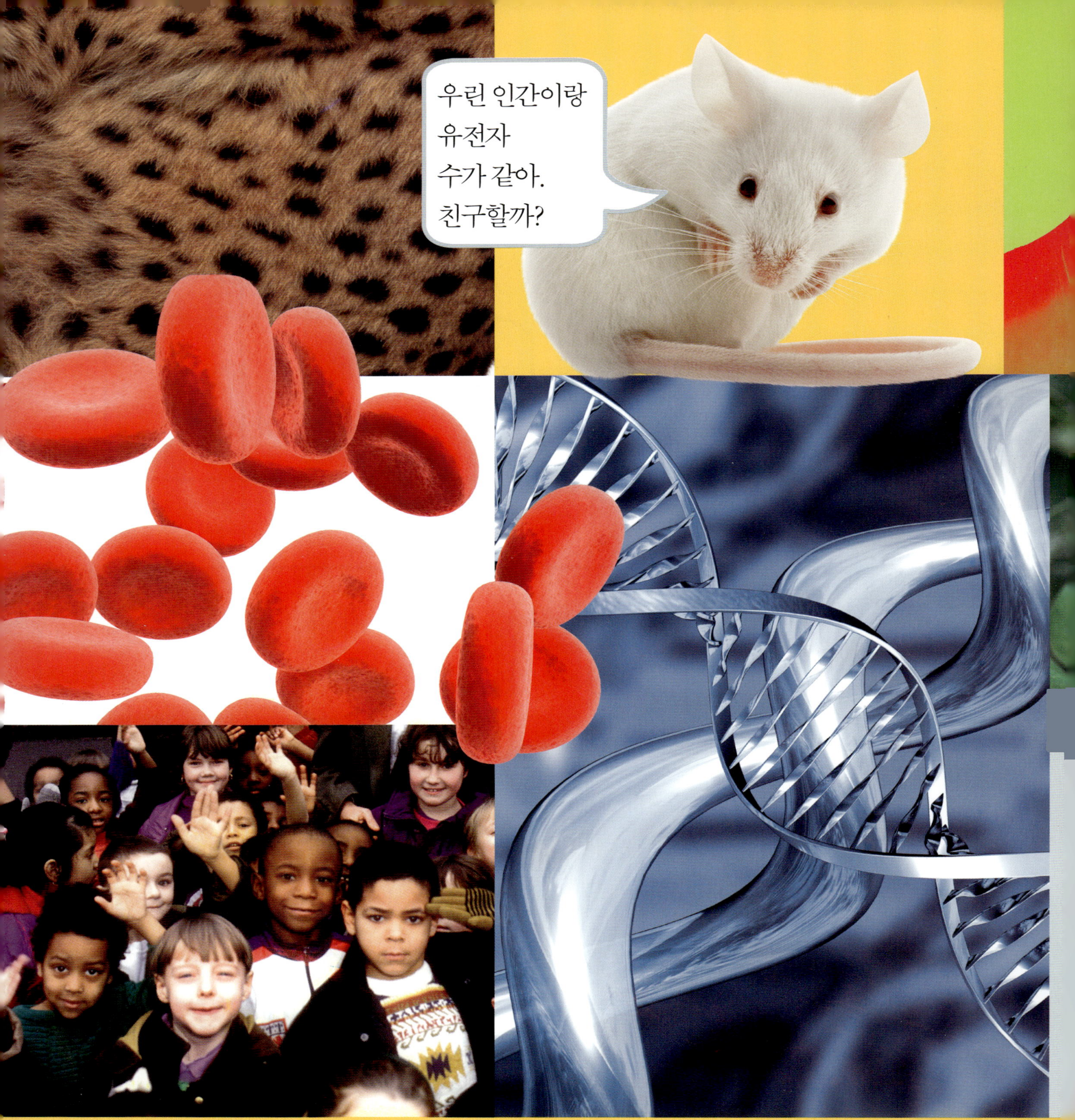

우린 인간이랑 유전자 수가 같아. 친구할까?

 유전자 속에 담긴 신비

유전자 속에 담긴 신비

오늘날 우리는 위대한
과학자인 다윈도 몰랐던 것을 알아요.
바로 유전학이죠.

과학자들은 다음 세대로 전달되는 유전 암호를
연구함으로써 종이 어떻게 진화했는지를
점점 더 밝혀내고 있어요.

이제 우리는 무엇이 우리 각자를
독특한 존재로 만드는지 설명할 수 있고,
우리와 전혀 다른 것처럼 보이는 동물들과의
공통 조상을 추적할 수도 있어요.

우리가 알게 된 것은 다윈의 자연선택 이론을
더욱 과학적으로 뒷받침해 주고 있어요.
아울러 유전학자들은 자연에 작용하는
다른 법칙들도 발견했어요.

이런 그들의 발견은
수많은 논쟁을 불러일으켰고,
지금도 열띤 논쟁은 계속되고 있지요.

유전자 속에 담긴 신비

완두 퍼즐

1800년대 오스트리아의 수도사인 그레고어 멘델은 어느 수도원의 정원에서 완두 실험에 매달렸어요. 그는 부모로부터 자손에게로 여러 정보 조각들의 형태로 특징이 전달된다는 것을 밝혀냈지요. 이 조각들이 바로 **유전자**예요.

실험 결과

멘델은 한 개체의 꽃가루(수술 쪽)를 다른 개체의 암술머리(암술 쪽)에 문질렀어요.

자손은 각 유전자를 둘씩 가져요. 양쪽 부모로부터 하나씩 받은 거죠.

형질과 특징

형질은 개체에서 겉으로 드러나는 모습을 말해요. 특징은 그 겉모습의 여러 형태를 가리키고요. 예를 들어, 옆 실험에서 연구한 형질은 꼬투리 색깔이며, 특징은 노랑 또는 초록이죠.

이 조각들은 완두 꼬투리 색깔의 유전자들이에요. **P**는 초록 꼬투리, p는 노랑 꼬투리예요.

자손이 P와 p조각을 둘 다 받았는데, 겉으로는 P라는 특징만 보이는군.

그레고어 멘델
(1822년~1884년)

두 사본이 어떻게 조합되느냐에 따라 꼬투리 색깔이 정해져요.

염색체

동식물 세포를 현미경으로 들여다본 과학자들은 중앙에 실처럼 생긴 것들이 들어 있는 세포핵을 발견했어요. 이 실 같은 것들이 바로 염색체예요.

염색체마다 서로 다른 유전자들이 있어요.

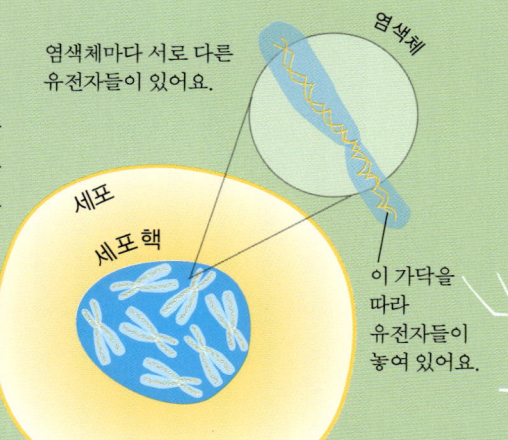

이 가닥을 따라 유전자들이 놓여 있어요.

생물마다 염색체 수가 달라요.

고등한 생물일수록 반드시 염색체 수가 많은 건 아니에요.

모기 6× 복어 42× 사람 46×

 반가워요. 멘델이라고 해요.

멘델이 다윈을 만났다면?

 안녕하십니까, 다윈입니다.

멘델: 자연선택은 대단한 개념입니다. 신은 정말로 신비한 방법을 쓰는군요!

다윈: 여태껏 아무도 그 생각을 하지 못했다는 것이 놀랍지요. 하지만 저는 아직 유전이 어떻게 이루어지는지 확신하지 못하고 있습니다.

멘델: 아마 제가 도움을 줄 수 있을 듯하군요. 저는 완두로 몇 가지 교배 실험을 해 왔답니다. 결과가 대단히 흥미로워요.

다윈: 식물 실험은 무언가를 찾아내는 데 아주 유용한 방법이지요. 어떤 결과가 나왔나요?

멘델: 저는 초록 꼬투리가 달리는 개체의 꽃가루를 노랑 꼬투리가 달리는 개체의 암술머리에 묻혔습니다.

다윈: 그러면 자손들에서는 모두 연두 꼬투리가 열렸겠군요?

멘델: 아닙니다. 모두 초록 꼬투리였습니다.

다윈: 저런! 그렇다면 겉모습이 부모의 특징들이 섞인 것이 아니라는 말이네요.

멘델: 그렇습니다. 저는 이 특징들이 부모로부터 고스란히 전달된 것이라고 봅니다. 부모 한쪽의 특징이 별도로 자손에게 전달되어 다른 한쪽 부모의 특징과 합쳐지는 것이지요. 이 실험에서는 초록 꼬투리라는 더 강한 특징이 모든 자손에게 나타났습니다. 하지만 그게 전부가 아니었어요!

다윈: 또 뭐가 있었지요?

멘델: 저는 그 자손 식물의 꽃가루를 다른 자손 식물의 암술머리에 묻혀 보았어요. 결과가 어떠했는지 아마 짐작도 못하실걸요?

다윈: 그 자손들에서는 모두 초록 꼬투리가 열렸겠지요.

멘델: 틀렸어요! 대부분은 초록 꼬투리였지만, 노랑 꼬투리를 지닌 것들도 있었습니다. 그러니 제가 얼마나 놀랐겠습니까?

다윈: 흠, 그런 일이 왜 일어났다고 생각하십니까?

멘델: 저는 작은 유전 정보 조각들이 세대에서 세대로 고스란히 전달된다고 봅니다. 그래서 약한 특징, 즉 노랑 꼬투리가 한 세대에서는 가려졌다가 다음 세대에서 고스란히 다시 나타날 수 있는 것이지요.

다윈: 그 조각들에 관해 더 아시는 것이 있습니까?

멘델: 씨 모양, 씨 크기, 꽃 색깔, 꼬투리 모양, 꼬투리 크기, 줄기 높이 등을 결정하는 조각들이 있었습니다. 한 번에 한 가지 이상의 형질을 조사했더니, 각 자손 개체에서 꼬투리 색깔 정보와 꼬투리 모양 정보가 서로 독자적으로 조합되더군요.

다윈: 대단한 연구입니다. 그 조각이 어떻게 생겼는지, 서로 어떻게 연관되어 있는지 정말 궁금하군요.

멘델: 그 일은 미래의 과학자들 몫으로 남겨 두도록 하지요.

개 78×

금붕어 94×

사람의 염색체는 쌍쌍이 배열되며, 남성의 성염색체 쌍만 제외하고 짝끼리 서로 들어맞아요. 염색체는 그 안에 있는 유전자 수에 따라 크기와 모양이 제각기 달라요. 염색체 쌍들을 크기별로 정리한 것을 '핵형'이라고 하지요.

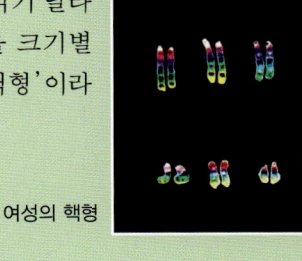

여성의 핵형

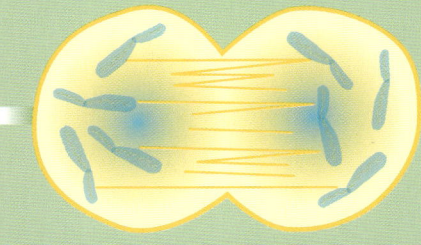

한 생물의 체세포들에는 모두 같은 수의 염색체가 들어 있어요. 세포는 분열하여 새 세포를 만들 때 염색체를 물려주어요. 염색체마다 자신과 똑같은 사본을 만들었다가 새 세포에 넣어 주지요.

유전자 요리법

생물 제작 지침서

유전 물질은 모든 세포에 들어 있는 염색체라는 여러 묶음에 나뉘어 있어요.

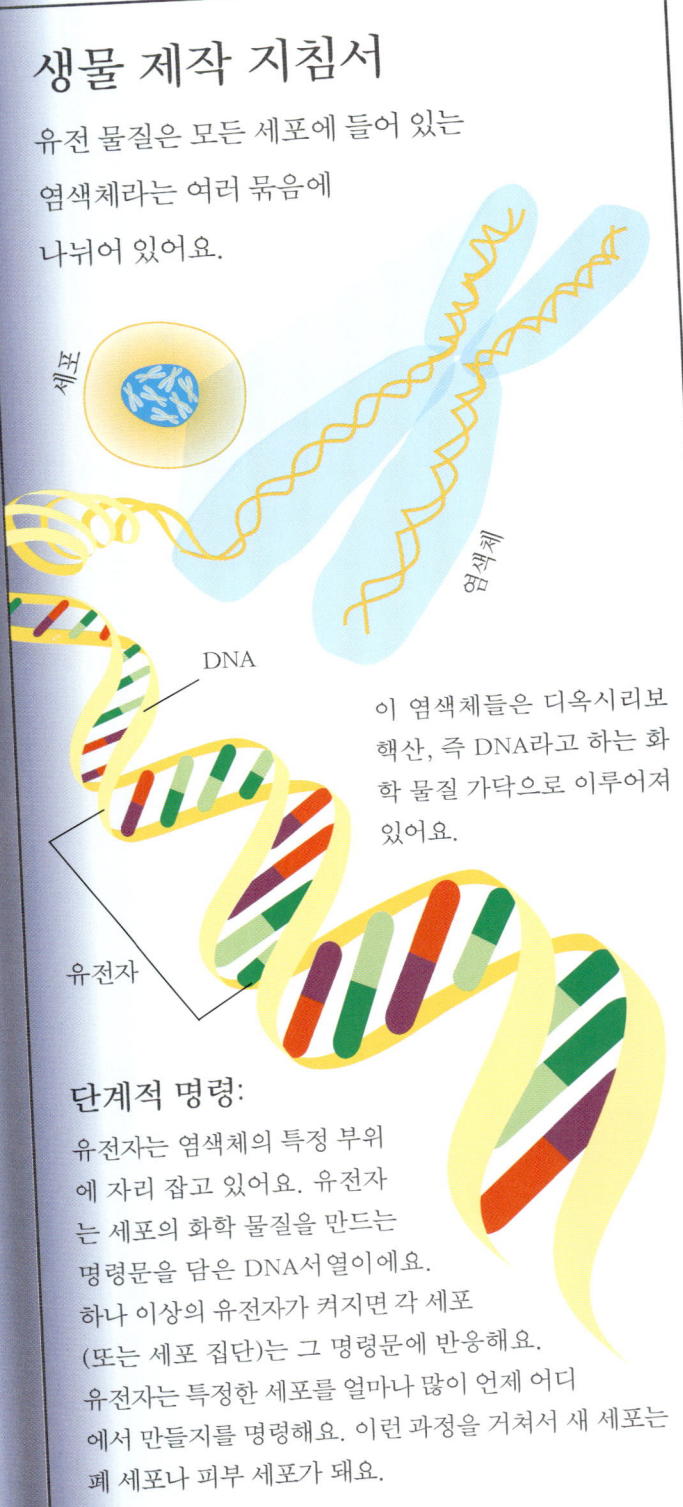

이 염색체들은 디옥시리보핵산, 즉 DNA라고 하는 화학 물질 가닥으로 이루어져 있어요.

단계적 명령:

유전자는 염색체의 특정 부위에 자리 잡고 있어요. 유전자는 세포의 화학 물질을 만드는 명령문을 담은 DNA 서열이에요. 하나 이상의 유전자가 켜지면 각 세포(또는 세포 집단)는 그 명령문에 반응해요. 유전자는 특정한 세포를 얼마나 많이 언제 어디에서 만들지를 명령해요. 이런 과정을 거쳐서 새 세포는 폐 세포나 피부 세포가 돼요.

1900년대 초부터 과학자들은 유전학이라는 전체 그림을 완성하기 위해 대단히 어렵고 복잡한 연구를 해 왔어요. 그런데 과연 그것이 진화를 이해하는 데 어떤 도움을 줄까요?

유전체(게놈)

지금까지 밝혀진 바에 따르면 모든 생물의 유전 물질은 유전체로 포장되어 있어요. 유전체는 개체를 만드는 데 필요한 기본 정보의 대부분을 담은 안내서인 셈이지요.

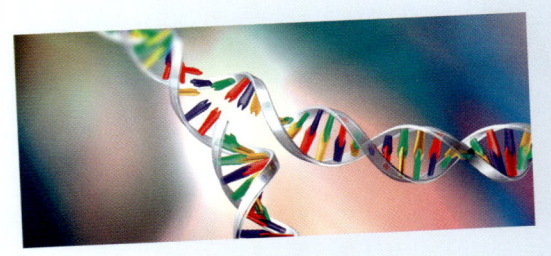

나선 사다리

DNA 구조는 나선 사다리 모양이에요. 사다리의 단들은 A, C, G, T(파랑, 빨강, 노랑, 초록으로 표시)라는 네 글자로 표현되는 단순한 암호를 이루어져요. 네 글자는 염기성 화학 물질들을 나타내지요. 각 단은 염기 한 쌍으로 이루어지며, 새 세포에 필요한 정확한 사본을 만들 때면 단의 중간이 갈라져요.

DNA 추출하기

※ 먼저 어른에게 도움을 요청하세요.

준비물
소금물 한 컵, 액체 세제 한 작은 숟가락, 수돗물 세 작은 숟가락, 깨끗한 찻숟가락, 찬 알코올 125ml

1. 입을 소금물로 헹궈요. 이때 삼키지 않도록 주의하세요.

2. 헹군 물을 액체 세제와 수돗물이 든 컵에 뱉어요. 깨끗한 찻숟가락으로 2분 동안 천천히 저어요.

3. 거기에 얼음처럼 차가운 알코올을 층이 생기도록 아주 조금씩 부어요. 2-3분 기다려요.

4. 소금물 세제 혼합액의 위쪽에 가느다란 실 같은 가닥들이 생기나요? 그게 바로 여러분의 DNA예요.

DNA를 더 자세히 보고 싶나요? 그렇다면 컵 속에 빨대를 넣어 DNA가닥을 감아요. 끊어지지 않게 조심조심 꺼낸 가닥을 식용 색소로 염색해서 현미경으로 관찰해 봐요.

나중에 DNA와 컵 속의 DNA를 잘 버리는 것 잊지 마세요.

유전체 지도

1990년 세계의 여러 과학자들이 참여하여 인간 유전체 서열의 전체 지도를 만드는 방대한 계획이 시작되었어요. 과학자들은 13년 동안 DNA 사다리의 30억 개나 되는 단들을 조사하고 약 25,000개의 유전자들과 그 위치를 파악했어요. 또 과학자들은 효모, 선충, 생쥐, 초파리의 유전체 지도도 작성했어요.

하지만 그런 발견은 답보다 더 많은 질문을 낳았어요.
아직도 용도가 알려지지 않은 유전자들이 많이 있어요. 우리가 가진 유전자 중에는 물고기처럼 우리와 거리가 먼 것 같은 생물들에게 있는 유전자와 아주 비슷한 것들도 있어요.

> 유전체는 왜 종마다 크기가 아주 다를까?

> DNA에는 유전자 말고 다른 것들이 너무 많아. 그것은 어디에 쓰일까? 다른 생물들은 왜 이런 부분이 적을까?

DNA와 진화

과학자들은 DNA가 생물의 진화를 강력히 뒷받침하는 증거라고 생각했어요. 유전적 변화가 어떻게 일어나고, 새로운 종을 만들기에 이르게 되는지를 보여 주기 때문이지요. 과학자들은 서로 다른 생물들의 유전체를 비교하고 유전 암호에 일어난 변화를 관찰함으로써, 종들이 서로 얼마나 가까운지 파악하고 공통 조상이 언제 살았는지까지 알아낼 수 있게 되었어요.

사람은 생쥐와 유전자 수가 거의 같아요. 우리는 꼬리를 만드는 유전자를 갖고 있지만, 그 유전자는 발생 초기에 작동하지 않게 돼요. 질병과 관련된 유전자들은 90퍼센트가 같아요. 그래서 인간의 질병을 연구할 때 생쥐로 실험하지요.

> 우리는 인간과 유전체의 96퍼센트가 똑같아. 그런데도 이렇게 달라 보이는 건 뇌의 유전자들이 언제 어디에서 켜지는지가 달라서일지도 몰라.

5억 5000만 년 전, 사람과 창고기의 공통 조상이 살았어요. 막대기처럼 생긴 해양 동물이었지요.

우리는 효모와 유전자의 31퍼센트가 같아요. 효모는 90분마다 증식하는 단세포 생물이지요.

> 생각을 하니 배가 고프네. 바나나 좀 줘!

우리는 바나나와 유전자의 50퍼센트가 같아요.

하나뿐인 나

여러분과 유전자가 똑같은 지닌 사람이 있을 수 있을까요? 그럴 확률은 1,000,000,000,000,000 분의 일이에요. 이렇게 개체들 사이에 유전적 변이가 다양한 덕분에 종이 진화할 수 있었던 거랍니다.

각 부모의 염색체 46개는 23개씩 수많은 방법으로 나뉘어 자식에게 전달돼요.

여러분의 염색체 중 절반은 어머니에게서, 나머지 절반은 아버지에게서 받은 유전자들을 담고 있어요. 여러분이 형제자매들과도 다른 이유는 부모로부터 절반씩 받아 조합되는 염색체들이 서로 다르기 때문이에요.

쌍둥이 연구

일란성 쌍둥이는 유전자가 거의 똑같아요. 그래서 과학자들은 일란성 쌍둥이를 통해 사람의 형질 중 유전자에 영향을 받고, 받지 않는지를 연구해 왔지요. 그 결과 유전자가 겉모습, 시력, 체중, 지능지수, 수명 등에는 영향을 미친다는 것을 알게 되었어요.

염색체 23개 — 엄마는 갈색 눈 / 46개 있는 염색체

염색체 23개 — 아빠는 초록 눈 / 46개 있는 염색체

할머니는 갈색 눈 / 46개 있는 염색체
할아버지는 초록 눈 / 46개 있는 염색체
할머니는 파란 눈 / 46개 있는 염색체
할아버지는 초록 눈 / 46개 있는 염색체

판박이

유전자에는 여러분의 겉모습, 지문, 목소리, 건강, 심지어 악취를 맡는 방법까지 담겨 있어요. 이 유전자들은 부모로부터 물려받은 것이며, 부모는 조부모로부터, 증조부모는 고조부모로부터 물려받았어요. 여러분은 몇 세대 전의 조상과 비슷한 특징들을 지니고 있을 거예요. 그렇다면 우리 가족들 사이의 변이는 어떻게 생긴 걸까요?

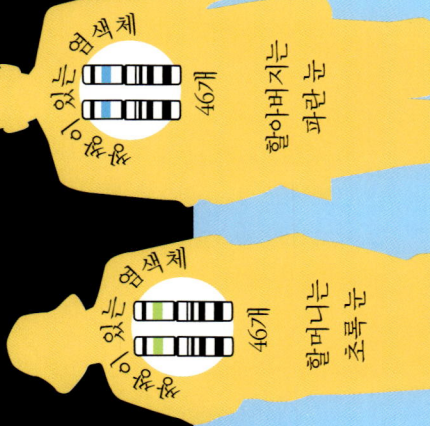

남자일까 여자일까?

우리 염색체에는 여자인지 남자인지 결정하는 유전자를 지닌 것이 두 개 있어요. 바로 X와 Y라는 성염색체이지요. 모양이 알파벳 X와 Y처럼 생겼거든요. 부모로부터 X 염색체를 각각 하나씩 물려받으면 여자가 되고, 아버지에게 X, 어머니에게 Y 염색체를 물려받으면 남자가 돼요. 남자가 갖고 있는 X 염색체는 하나뿐이기 때문에 열성인 유전자가 모두 드러나게 돼요. 따라서 남성은 어머니가 가진 어떤 작은 징지 못하고, 형질이 모두 드러나지 못한 채 구별하지 못하고 장애를 고스란히 물려받을 수 있어요. 대표적인 예로 색맹을 들 수 있어요. 색맹 형질이 나타나지 않는 열성 유전자지만, 어머니의 색맹 유전자가 아들에게 전해지면 아들은 색맹이 돼요.

이 안에 숫자가 보이나요? 보이지 않으면 색맹일 수 있어요.

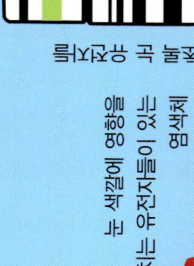

46개

염색체

유전자가 있는 염색체

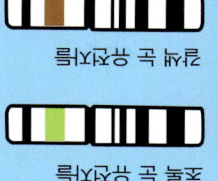
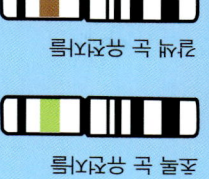

눈 색깔에 영향을
미치는 유전자들이 있는
염색체

유전자 하나가 꼭 하나의 형질에만 관련이 있는 건 아니에요. 한 유전자가 서너 형질에 영향을 미치기도 하고, 서너 유전자가 한 형질에 영향을 미치기도 하지요.

우리는 부모로부터 눈 색깔에 영향을 미치는 유전자 집합을 물려받으며, 양쪽의 집합이 서로 다르면 한쪽이 결정권을 쥐죠. 그쪽을 '우성'이라 하고 그렇지 않은 쪽을 '열성'이라고 해요. 대개 갈색 눈 유전자들은 초록 눈 유전자들보다 우성이고요. 열성 형질이 나타나려면, 부모에게서 열성 유전자만 물려받아야 해요. 그러면 조부모에게 있던 형질이 부모에게는 보이지 않다가 후손에게 다시 나타날 수도 있어요.

간단한 유전 검사법

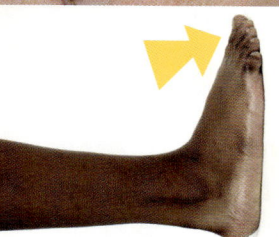
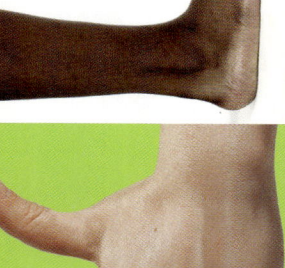

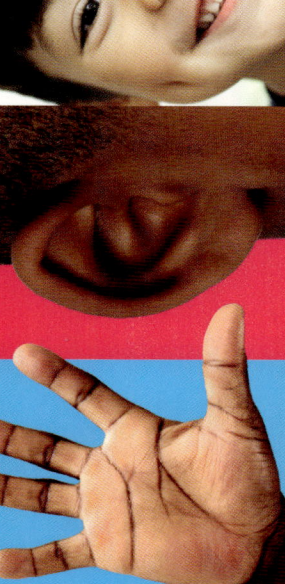
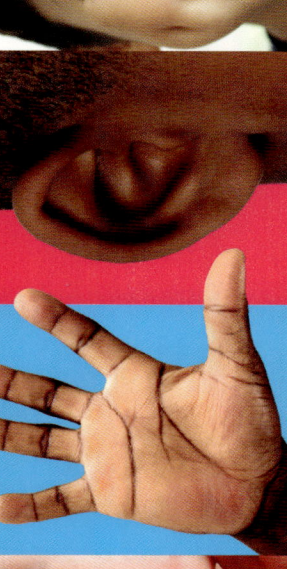
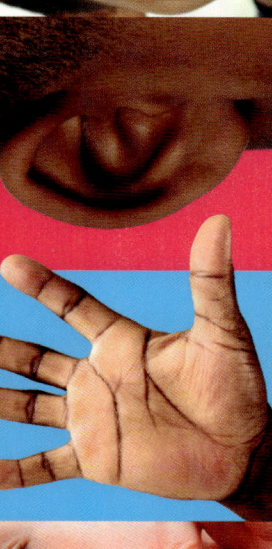

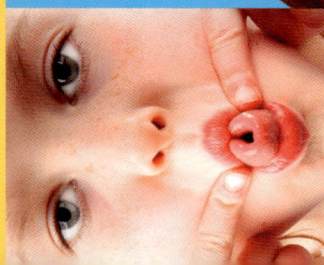

혀를 말 수 있나요?

새끼손가락 끝마디가 약손가락 쪽으로 굽어 있나요?

귓볼이 있나요?

웃을 때 보조개가 생기나요?

엄지손가락을 뒤로 30도 이상 굽힐 수 있나요?

발가락 왼쪽 한가운데에 털이 있나요?

주근깨가 있나요?

들창코 아닌가요?

이제 가족과 친척들을 검사해 봐요. 가계도를 따라 결과를 기록해 보면 이 유전자들이 어디서 왔는지 알 수 있어요.

유전자 속에 담긴 신비

돌연변이

때때로 세포의 DNA는 변형되거나 손상을 입기도 해요. 이것을 **돌연변이**라고 하죠. 이 DNA가 자손에게 전달되면 유전적 변이가 생기며, 변이가 자연선택을 거치면 종은 진화해요.

좋거나 혹은 나쁘거나

돌연변이는 드물지만 오랜 세월에 걸쳐 쌓이면 진화에 영향을 미칠 수 있어요. 유전된 돌연변이는 개체가 살아남는 데 좋거나 나쁜 영향을 끼칠 수도 있고, 아무런 영향을 끼치지 않을 수도 있죠. 개체는 자연선택을 통해 번식하여 돌연변이를 물려주든지 아니면 그대로 죽어서 돌연변이를 물려주지 않을 거예요.

좋지도 나쁘지도 않음

샴고양이는 태어날 때는 새하얗다가 자라면서 얼굴, 발, 꼬리의 특정 부위가 까매지는 돌연변이 유전자를 갖고 있어요.

좋은 영향

호랑이는 줄무늬를 만드는 돌연변이 유전자를 갖고 있어요. 줄무늬가 있으면 웃자란 풀들 사이에 몸을 잘 숨길 수 있어요. 그래서 줄무늬 유전자를 가진 호랑이는 먹잇감 몰래 다가가기가 유리해졌고, 살아남아서 돌연변이 유전자를 자손에게 물려주었어요.

환경적 요인

어떤 돌연변이가 살아남기에 이로운지 해로운지는 환경에 따라 달라져요. 남극에 사는 펭귄은 여러 작은 돌연변이들을 통해 날개는 짧막해지고 발에는 물갈퀴가 생기게 되었어요. 덕분에 물속을 빠르게 헤엄쳐서 먹이를 잡고 포식자를 피할 수 있었지요.

어떻게 날았더라?

돌연변이가 유전되면서 자연선택 과정을 거치면

48

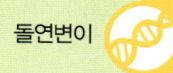

달라지는 확률

열성 유전자와 우성 유전자 중 어디에서 변화가 일어나느냐에 따라 돌연변이가 생기는 확률은 달라질 수 있어요. 우성 유전자에 돌연변이가 생겼다면 부모 중 어느 한쪽으로부터 돌연변이 우성 유전자를 물려받아 나타날 가능성은 50퍼센트예요. 하지만 우성 유전자에 돌연변이가 생겼다면 양쪽 부모가 이 유전자를 지니고 있다고 해도 자손이 돌연변이일 확률은 25퍼센트이지요.

잘못될 수 있는 것들

세포가 분열할 때 유전자가 잘못 복제될 수 있어요. 염색체가 끊어지거나 DNA서열에 틈새가 생기면, 유전자는 제 일을 못할 수도 있어요. 사람의 경우 세포에 21번 염색체가 하나 더 있으면, 그 돌연변이를 가진 사람은 다운 증후군을 앓게 돼요.

우리 조상은 맨섬 출신이야.

나쁜 영향

맨섬고양이는 양쪽 부모에게서 물려받으면 배 속에서 죽거나 생후 1년 내에 죽는 돌연변이 유전자를 갖고 있어요. 그 유전자를 한쪽 부모에게서만 물려받을 경우 새끼는 살 수 있지만, 꼬리가 짤막하거나 아예 없는 채로 태어나요.

맨섬 유전자는 우성이에요. 이 유전자(M)를 지닌 고양이는 자손들 중 절반에게 그것을 물려주지요.

방사선이나 화학 물질이 몸에 닿으면 DNA가 끊길 수 있어요. 세포가 손상된 부분을 완벽하게 치료하지 못하고, 생식세포에 영향을 미치면 돌연변이가 유전될 수 있지요. 인류가 전 세계로 퍼져 나갈 때, 세포에 흡수된 자외선의 양과 질이 피부색 유전자의 DNA를 변형시켜서 다양한 피부색의 사람이 생겨나게 되었어요.

자외선은 DNA의 일부를 혹처럼 부풀게 해요.

DNA 일부가 염색체의 다른 곳으로 옮겨 감으로써 유전자 돌연변이가 생길 수도 있어요. 옥수수 알맹이가 알록달록한 것은 이 도약 유전자들 때문이에요.

하지만 이런 특징들은 땅에서는 쓸모가 없어요. 만약 물이 없는 환경이었다면 이런 돌연변이를 가진 펭귄은 살아남을 수 없을 거예요.

이동성을 띤 DNA 조각은 마치 컴퓨터 작업처럼 오려 두기와 붙이기를 통해 원래 있던 곳에서 다른 곳으로 옮겨 가요. 염색체의 다른 지점에 자신을 복사해서 끼워 넣기도 하지요.

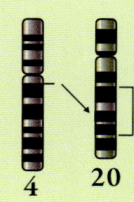

원래 염색체   변형된 염색체

종이 진화하게 돼요.

49

유전자 속에 담긴 신비

우리는 모두

돌연변이 하면 무시무시한 괴물이나 외계인이 생각나나요? 사실은 우리를 비롯한 모든 생물이 돌연변이인 셈이에요. 돌연변이 유전자들이 우리 각자를 다르게 만들어 주거든요. 한편 어떤 증상이 자신에게는 겉으로 드러나지 않지만 다음 세대로 그 DNA를 물려줄 수 있는 사람을 **보인자**라고 해요. 그래서 보인자에게는 나타나지 않던 증상이 자식에게는 나타날 수 있지요.

유령이다!

피부, 털, 깃털 색깔에 영향을 미치는 유전자들은 돌연변이를 통해 색소의 양이 줄어드는 루시즘을 일으킬 수 있어요. 그러면 몸이 새하얗게 되어, 몸을 숨기기가 어려워져요.

털이 없어!

어떤 사람들은 온몸의 털이 빠른 속도로 없어지는 무모증 유전자를 갖고 있어요. 무모증 유전자를 가진 사람들은 머리카락뿐만 아니라 눈썹, 속눈썹, 코털, 체모도 없어요. 그렇기 때문에 털을 대신하여 햇빛과 세균을 막을 방법을 찾아야 하죠.

괴물이다!

이 뱀은 발생 초기 단계에는 쌍둥이였지만, 유전자 결함 때문에 알에서 태어났을 때는 머리가 둘이고 몸은 하나인 모습이었어요. 가끔 두 머리의 의견이 맞지 않아 서로 물어뜯으려 할 때도 있대요.

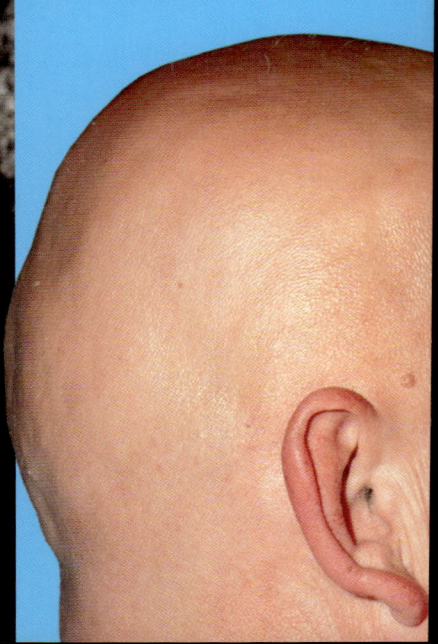

돌연변이

우리는 모두 돌연변이

손가락이 여섯 개?

육손발가락 유전자를 가진 사람은 손가락이나 발가락의 개수가 하나 더 많아요. 이 유전자는 우성이지만, 대단히 드물어요.

나는 2007년 2월에 태어났어. 다리가 넷이라고 다들 어찌나 놀라던지.

내 돌연변이 만들기

자신의 그림이나 사진을 준비해요. 크기나 색깔을 바꾸거나 추가하거나 제거하여 겉모습에서 세 가지를 바꾸어요.

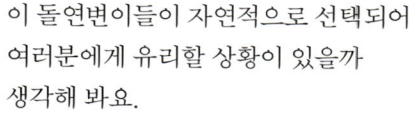

이 돌연변이들이 자연적으로 선택되어 여러분에게 유리할 상황이 있을까 생각해 봐요.

엄지손가락이 더 길어진다면 어떨까요? 키보드를 누르기가 더 쉬워질까요? 그렇다면 이 돌연변이는 과학 기술이 발달한 환경에 유용해서 자연적으로 선택될지 몰라요.

에이, 말도 안 된다고요? 실제로 예를 들어 볼까요? 판다의 엄지는 손목뼈가 커진 거예요. 커다란 엄지로 판다의 먹이인 대나무를 더 잘 움켜잡을 수 있기 때문에 자연선택 된 돌연변이인 거죠.

51

유전자 속에 담긴 신비

진화에 영향을 미치는

다윈이 생각하지 못한 또 다른 진화 폭탄을 맞을 준비가 되어 있나요? 어느 유전자가 다음 세대로 전달될지 영향을 미치는 과정이 자연선택만 있는 것은 아니에요. 단지 개체 집단의 크기에 따라

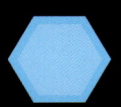 = 붉은솔개의 유전자풀 크기 변화

3 새 유전자가 도입되면 유전자풀은 커져요. 서로 다른 개체군들 사이에 번식이 이루어질 때 유전자풀은 커져요. 이 유전자 전달을 **유전자 흐름**이라고 해요.

2 돌연변이 유전자가 살아남으면 유전자풀은 커져요. 자연선택은 환경에 가장 잘 적응한 변이를 선택함으로써 유전자풀의 크기에 영향을 줘요.

유럽붉은솔개는 남유럽을 지나 북아메리카까지 갔다가 돌아오는 철새예요. 그 과정에서 서로 다른 개체군에 속한 개체들끼리 짝짓기를 하기도 하지요.

1 한 종이 지닌 유전자들의 전체를 유전자풀이라고 해요. 각 유전자의 수많은 변이 형태들도 유전자풀 안에 들어가요.

붉은솔개는 포식동물이자 청소동물이에요. 기다란 날개를 펴고 하늘을 날아다니다가도 땅에 있는 동물 사체를 찾아낼 수 있을 정도로 시력이 좋아요.

4 동물이 죽거나 번식을 못하면 유전자풀은 줄어들어요. 개체군의 크기가 작을수록 유전자풀이 두드러지게 작아져서 유전자 변이의 수를 줄이게 되죠.

붉은솔개의 알. 붉은솔개는 북유럽과 중유럽, 북아메리카에 걸쳐 분포해요.

1500년대부터 영국은 붉은솔개를 해로운 새로 여겨 마구 사냥했어요. 붉은솔개의 수가 줄어들었을 때도 사람들은 박제해서 수집하기 위해 마구 잡아들였지요. 1800년대 말이 되자 영국과 스코틀랜드의 붉은솔개는 모두 사라져 버렸고, 웨일스 오지에 극소수의 쌍만이 살아남았어요.

출발

자연선택   +   유전적 부동

또 다른 복병

진화에 영향을 미치는 또 다른 복병

유전적 변이가 다음 세대로 전달되거나 아예 사라질 수도 있어요. 이 과정을 **유전적 부동**이라고 하며, 작은 개체군에서 더 두드러지게 나타나요.

미래

8 자연선택 과정은 계속해서 가장 유리한 유전적 변이를 선택해요.

붉은솔개들은 시간이 지날수록 번식을 거듭하여 개체 수가 늘어나고 있어요. 이주하는 철새 형질이 남아 있기 때문에 다른 개체군과 만난다면 미래에 유전자 흐름이 더 이루어질 거예요.

7 종을 보존하려면 그저 개체군 크기만 늘리는 것이 아니라 다른 개체군에 있던 개체들을 들여와서 다양한 변이가 있는 유전자풀을 만들어야 해요.

1990년대 영국에서는 스웨덴, 스페인, 독일, 웨일스로부터 붉은솔개들을 들여와서 적절한 서식지에 풀어놓았어요.

웨일스에 사는 붉은솔개들 가운데 가끔 흰 깃털을 지닌 것들이 발견돼요. 드물면서 때로 유해하기도 한 이런 돌연변이들은 유전적 병목 지점을 지난 개체군에서 더 잘 나타나요.

5 종의 수가 크게 줄어들었다가 다시 증가할 때, 유전적 병목 지점을 지났다고 해요.

1930년대에 붉은솔개는 암컷이 한 마리만 남아 있을 정도로 수가 줄어들었어요. 개체군은 서서히 증가했지만, 모두가 그 암컷의 후손이었어요.

6 멸종 위기에 처한 종은 유전자풀이 작아 살아남는 데 많은 어려움을 겪어요.

웨일스 붉은솔개의 서식지는 기후가 나쁘고 먹이도 부족해요. 1900년대 중반 그곳의 개체군은 살충제 때문에 먹잇감인 토끼의 수가 줄어들고, 질병에 걸리면서 크게 줄어들었어요. 지금은 서서히 회복되고 있어요.

9 자연재해나 질병 같은 예측 불가능한 사건들이 일어나 특정 유전자를 가진 개체들이 다 사라질 수도 있어요. 유전자 제비뽑기는 계속되고 있지요.

붉은솔개는 풍력 발전소의 날개에 부딪혀 죽을 수도 있고 쥐약을 먹은 먹잇감을 잡아먹고 죽을 수도 있어요. 비행기에 부딪혀서 죽은 붉은솔개도 있어요.

= 유전자풀의 크기

유전자 속에 담긴 신비

새로운 종의 탄생

다윈은 새로운 종이 생기는 과정이야말로 수수께끼 중의 수수께끼라고 했어요. 새로운 종이 생기는 과정을 **종분화**라고 하는데, 섬처럼 지리적으로 떨어져 있으면 종분화가 이루어져요. 대표적인 예가 바로 다윈이 연구했던 갈라파고스 제도의 다양한 핀치류이지요.

남아메리카

적도
갈라파고스 제도
태평양

분리

약 300만 년 전, 남아메리카에서 씨앗을 먹고 살던 땅핀치들이 바람을 타고 갈라파고스 제도로 건너갔어요. 숲이 무성하고 안개가 자욱한 서식지에 도착한 새들은 세대를 이어 가면서 각자 나름대로 환경에 적응했어요. 일부는 땅에서 나무 위로 옮겨 갔고, 과일, 꿀, 곤충, 거미 등 먹이에 맞추어 부리 모양이 변했지요.

적응

지난 300만 년 동안 갈라파고스 제도는 변했어요. 새 섬들이 생겨나고 기후가 좀 더 다양해졌어요. 그리고 그곳에 사는 동식물도 변했어요. 핀치들은 바람을 타고 가까운 섬이나 새로 생긴 섬으로 가서 새 환경에 적응해 나갔어요.

종분화는 어떤 사람이 모험을 떠났다가 돌아왔더니 외모와 행동이

새로운 종의 탄생

같은 생물의 두 개체군이 서로 너무나 달라져서 더 이상 서로 짝짓기를 할 수 없게 되면, 새로운 종이 생겨났다고 할 수 있어요.

나무핀치류

중간나무핀치는 한 섬에만 있어요. 일부 과학자들은 이 종류가 큰나무핀치와 작은나무핀치가 섞인 거라고 생각해요.

휘파람핀치 종은 회색과 녹색 변종 두 개체군이 있어요. 두 개체군은 서로 별개의 종이 되려 하고 있어요.

이들은 가위처럼 생긴 부리로 곤충을 잡아먹어요.
- 작은나무핀치
- 중간나무핀치
- 큰나무핀치
- 맹그로브핀치

곤충을 먹는 이 핀치류는 부리가 뾰족해요.
- 딱따구리핀치

채식성 핀치 — 앵무새처럼 생긴 부리로 과일과 싹을 먹어요.

휘파람핀치 — 뾰족한 부리로 곤충을 잡아먹어요.

인지
각각 종들은 자신의 짝을 어떻게 알아볼까요? 바로 노래를 통해서예요. 핀치는 부리 모양과 몸집에 따라 노랫소리가 달라요. 핀치는 부모로부터 자기 종의 노래를 배우며, 같은 노래를 부르는 개체와 짝짓기를 해요.

뒤섞기
때로 어린 핀치가 엉뚱한 노래를 배워서 다른 종의 개체와 짝짓기를 하여 자손을 낳기도 해요. 이렇게 생긴 개체 중에는 살아남거나 번식할 수 없는 것도 있겠지만, 새로운 종의 출발점이 되는 것도 있어요. 또 번식 가능한 잡종은 종들 사이에 유전자가 흐르게 함으로써 유전자가 사라지지 않게 해 주어요.

선인장을 먹는 핀치류는 부리가 뾰족해요.
- 큰선인장핀치
- 뾰족부리땅핀치

핀치들의 조상인 땅핀치

- 중간땅핀치
- 작은땅핀치
- 뾰족부리땅핀치
- 큰땅핀치

이 새들은 씨앗을 부수어 먹어요.

땅핀치류

너무 변해서 아무도 알아보지 못했다는 옛이야기와 비슷해요.

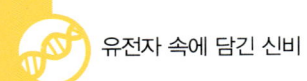 유전자 속에 담긴 신비

유전자 속의 유령

과거를 기억하는 유전자

최근의 과학자들은 유전자 속에 과거의 삶이 담겨 있다고 주장해요. 여러분의 할아버지, 할머니가 자랄 때 마신 공기, 먹은 음식, 느끼고 본 것 등이 여러분의 건강과 행동에 영향을 끼치고, 또 여러분의 삶이 여러분의 손자에게 영향을 미칠 수 있어요. 우리는 DNA만이 아니라 DNA에 꼬리표처럼 붙은 이런 영향들도 물려받는 거예요.

환경
- 자동차 배기가스
- 담배 연기
- 오염 물질
- 휴대 전화 전자파

할아버지, 할머니가 산업 오염 물질에 노출되면?
그 손자가 특정한 암에 걸릴 수 있어요.

여러분의 생활은 여러분의 손자들에게 영향을 미칠 수 있어요. 손자들이 얼마나 많이 먹을지, 어떤 병에 걸릴지에 말이에요. 앞으로는 자신을 좀 더 소중히 해야겠죠?

꺼졌다 켜졌다

모든 세포에는 유전 암호 전체가 들어 있어요. 한 세포가 뇌 세포가 되는지, 피부 세포가 되는지는 어떤 유전자들이 켜지고 꺼지는지에 따라 달라져요.

스위치를 켜고 끄는 것은?

DNA는 유전자를 통제하는 암호를 담고 있지만, DNA 명령을 무효화시키는 화학적 꼬리표에 영향을 받을 수 있어요. 이 꼬리표들은 평생에 걸쳐 추가되며 생활 습관에 영향을 받아요. 꼬리표는 즉각적인 변화를 일으킬 뿐만 아니라 다음 세대를 거쳐 유전될 수도 있어요.

꼬리표는 특정한 유전자를 숨기거나 끄고, 대신에 다른 유전자 스위치를 켬으로써 변화를 일으켜요. 잘못 켜진 스위치는 비만, 당뇨병, 암, 심장병 등에 문제를 일으킬 수 있어요.

과학자들은 어떻게 하면 이런 스위치들을 잘 조절할 수 있을지 연구하고 있어요. 언젠가는 병에 걸린 세포를 정상으로 돌려놓을 수도 있을 거예요.

알고 보면 오래된 이론

앞서 슈발리에 드 라마르크가 동물이 일생 동안 환경에 맞게 변화한다고 했던 걸 기억하나요? 사례를 잘못 들었을 뿐 라마르크의 생각이 아주 틀린 건 아니었던 셈이에요.

감정

- 사랑
- 미움
- 스트레스
- 평정
- 괴로움

음식

- 감미료
- 음식 속의 방부제
- 술
- 깡통 음료
- 식품 첨가물

화학 물질

- 분사용 크림
- 주사제
- 의약품 및 약물

영양 상태

우리 조부모가 먹은 음식의 양은 우리가 많이 또는 적게 먹는 음식의 양에 대처할 수 있는지에 영향을 미쳐요. 제대로 못 먹을 때보다 잘 먹을 때 더 오래 살 가능성이 더 높듯이, 조부모가 잘 먹었다면 우리는 더 오래 살 가능성이 높아요.

화학적 꼬리표

꼬리표는 유전자의 스위치를 꺼서 유전자를 숨겨요.

다른 유전자의 스위치를 켜요.

유전자 속에 담긴 신비
이타적 유전자

꿀벌, 군대개미, 말벌 등은 고도로 조직된 사회를 이루고 살아가는 곤충들이에요. 진화는 다음 세대로 유전자를 전달하는 데 성공한 개체들을 통해 이루어져요. 그런데 이 곤충 사회에서는 극소수의 개체만 자손을 남기고, 나머지 개체들이 그 자손을 돌보아요. 이들은 어떻게 진화한 걸까요?

각 개체는 무리 내에서 일을 나누어 맡아요.

여왕벌은 며칠에 걸쳐 여러 수벌과 짝짓기를 하여 다양한 유전자를 확보해요. 그런 뒤 몇 년에 걸쳐 수정란과 미수정란을 고루 낳아요.

수정란은 자라서 암벌이 되요. 암벌은 대부분 일벌이 되고 미수정란은 수벌이 돼요.

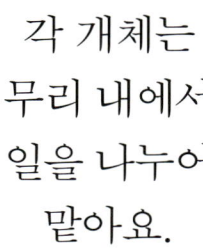
수벌

젊은 일벌들은 애벌레를 먹이고 둥지를 돌보아요. 그들은 몇 마리의 암컷 애벌레에게 로열 젤리를 먹여서 여왕벌이 되게 할지, 수컷 애벌레는 몇 마리나 살려 둘지 결정해요.

일벌들은 먹이가 있는 곳을 동료들에게 알리기 위해 춤을 춰요. 일벌의 일사불란한 행동 변화는 마치 유전자가 정확한 지시를 내리고 있는 것처럼 보여요.

3주 뒤 일벌들은 먹이를 모으러 둥지를 떠나요. 더 나이든 일벌들은 꽃가루와 꿀을 모아요.

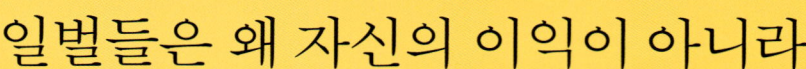
일벌들은 왜 자신의 이익이 아니라

기특한 맏이

다 자란 흰이마벌잡이새 수컷은 왜 둥지를 떠나지 않고 동생들을 돌볼까?

흰이마벌잡이새

수많은 동물들이 흰이마벌잡이새 같은 행동을 해요. 동물들이 가족이나 무리를 돕는 것은 자신의 유전자를 물려주기 위해서예요. 사실 개체는 부모 및 형제자매와 유전자의 50퍼센트가 같으며, 조카와는 25퍼센트가 같아요. 집안을 도움으로써 개체는 자기 유전자가 많이 살아남도록 할 수 있어요. 또 그때 터득한 육아법이 나중에 자기 자식을 키울 때 도움이 될 수도 있어요.

일벌은 왜 자손을 낳지 않을까?

미수정란에서 자란 수벌은 염색체 수가 암벌의 절반밖에 되지 않아요. 그래서 수벌은 자신의 염색체 사본을 고스란히 딸에게 물려주지만, 암컷인 여왕벌은 자기 염색체의 절반만 물려주어요. 따라서 아버지가 같은 일벌들은 유전자의 75퍼센트가 같아요. 자신이 낳을 자손보다도 더 비슷하지요. 일벌에게는 애벌레를 열심히 키우는 것이 자신의 유전자를 더 많이 퍼뜨리는 방법인 셈이에요.

무리의 이익을 위해 행동하는 걸까요?

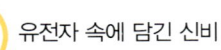

유전자 속에 담긴 신비

자연선택?
인위선택!

오늘날 우리는 자신의 유전자뿐만 아니라 다른 모든 동식물들의 유전자를 변형시킬 수 있어요. 하지만 유전자 조작이 반드시 좋은 결과만 낳는 것은 아니에요. 그렇기 때문에 어떻게 유전자 조작 기술을 사용할지에 대해서는 저마다 의견이 달라요.

생물 다양성

지구에 사는 생물들은 서로 밀접한 관련을 맺고 있어요. 한 종이 멸종하면 그들의 유전자도 사라져요. 유전자풀이 줄어들면 변이도 줄어들어서 생물이 환경 변화에 적응하는 능력이 약해질 수 있어요. 만약 그 종이 먹이사슬의 핵심 고리라면, 그 종이 살고 있는 생태계 전체에 영향을 미쳐요.

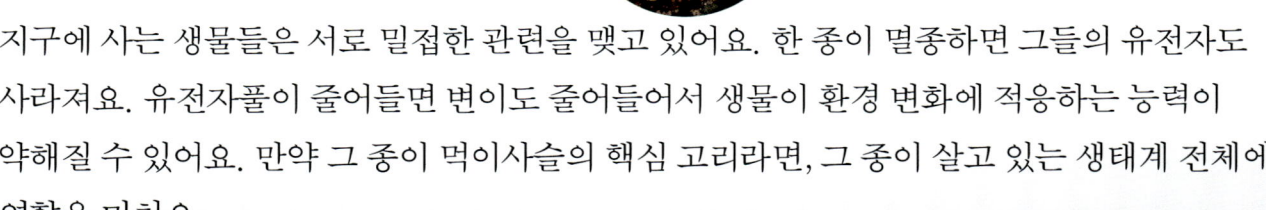

생물 다양성이 줄어들면 나중에

자연선택? 인위선택!

유전자변형식품

생명공학을 연구하는 과학자들은 유전자를 변형시켜 척박한 환경에서도 잘 자라고, 병충해에도 거뜬한 작물을 만들려고 해요. 하지만 이런 연구를 반대하는 사람들도 있어요. 변형된 유전자가 다른 야생 식물들에게 영향을 끼칠 수 있고, 변형 작물을 먹은 사람이나 동물이 미처 알려지지 않은 피해를 입을 수도 있기 때문이지요.

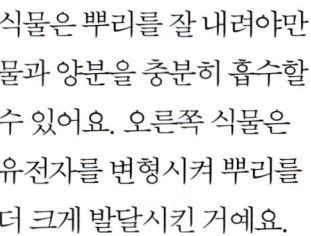

식물은 뿌리를 잘 내려야만 물과 양분을 충분히 흡수할 수 있어요. 오른쪽 식물은 유전자를 변형시켜 뿌리를 더 크게 발달시킨 거예요.

맞춤 아기

과학이 발전하면서 이제는 아기를 낳을 수 없는 사람들도 아기를 가질 수 있게 되었어요. 게다가 특정한 형질을 지닌 아기를 골라 낳을 수도 있어요. 집안에 남자나 여자 중 한쪽만 걸리는 유전병이 있다면 성별을 골라 유전병이 걸리지 않게 할 수 있어요. 하지만 아기의 머리카락이나 눈 색깔 같은 것까지 골라서 낳는다면 어떨까요? 이런 논쟁은 이제 막 시작된 상태예요.

복제

복제는 동식물의 세포에서 DNA를 꺼내 다른 세포에 집어넣어 원래 생물과 완전히 똑같은 개체를 만드는 기술이에요. 복제를 연구하는 사람들은 복제가 유전적으로 우수한 동식물을 더 많이 만들어 낼 수 있다고 주장해요. 하지만 많은 사람들은 그 유전자들이 종의 건강과 생물 다양성에 어떤 영향을 미칠지 알 수 없다고 걱정하고 있어요.

유용할지 모를 유전자들을 잃게 돼요.

유전자 속에 담긴 신비

공룡의 부활

영화에서처럼 공룡을 부활시키는 것이 실제로도 가능할까요? 만약 그런 일이 일어난다면 어떤 일이 벌어질까요?

열쇠는 새에 있다?

멸종한 동물을 되살리기는 어려워요. 가장 큰 문제 중 하나는 동물이 죽은 지 오래되면 유전 암호인 DNA가 남지 않는다는 거예요. 공룡 화석을 비롯한 대부분의 화석들은 너무 오래되어서 DNA를 얻을 수 없어요. 이 문제를 해결하는 방법 가운데 한 가지는 현재 있는 동물로부터 거슬러 올라가는 거예요. 새는 공룡의 후손이에요. 따라서 새의 유전자들을 켜거나 끔으로써 공룡을 만드는 것이 가능할지도 몰라요. 과학자들은 이미 새의 배를 조작하여 비늘이 달린 다리에 꼬리와 깃털이 더 긴 새를 만들어 냈어요.

다 먹어 버리겠다!

공룡을 만드는 데 쓸 수 있을 만한 가장 큰 새알은 타조알이에요. 타조알 정도면 벨로키랍토르만 한 공룡을 키울 수 있어요.

티라노사우루스는 지금까지 살았던 가장 무시무시한 포식자 중 하나예요.

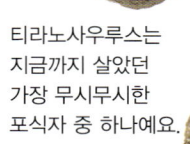

병아리 부리에 난 이빨

닭에서 이빨이?

새는 7000만 년 동안 이빨이 없었어요. 과학자들은 새가 이빨 대신 부리를 가진 것으로 생각했지요. 그러다가 연구자들은 돌연변이 닭의 배에서 이빨을 발견했어요. 이 이빨은 공룡의 또 다른 친척인 악어의 이빨과 비슷했어요.

공룡의 부활

영화 「쥐라기 공원」에서 과학자들은 공룡의 DNA를 호박에 갇힌 곤충의 피에서 얻어요. 실제로 과학자들은 그 방법을 사용해 보았지만, 성공하지는 못했어요. 대신에 그 곤충들이 공룡의 멸종에 한몫했을 법한 병원체들을 지니고 있었다는 것을 알아냈지요.

스위치 만들기

과학자들은 멸종한 태즈메이니아호랑이의 DNA를 추출하여 생쥐의 배에 넣은 뒤 무슨 일이 일어나는지 지켜보았어요. 그 DNA는 나중에 생쥐의 다리와 꼬리의 뼈가 될 연골을 만드는 유전자의 스위치를 켰어요. 이 실험으로 태즈메이니아호랑이를 복원한 것은 아니지만, 멸종한 종의 유전자도 다시 작동시킬 수 있다는 것을 보여 주었어요.

다리와 꼬리를 만드는 연골

내 DNA가 저런 일을 한다 이거지!

매머드 부활 연구

공룡보다는 매머드가 부활될 가능성이 더 높아요. 매머드는 겨우 1만 년 전에 멸종했고, 얼음 속에 얼어붙은 매머드 사체도 발견되었으니까요. 얼음은 DNA를 보존하기 때문에, 얼어붙은 매머드에서 정자를 채취하여 아시아코끼리 암컷의 몸에 넣는다면 50퍼센트는 매머드인 동물을 만들어 낼 수 있을지도 몰라요.

시조새
쥐라기에 살았던 조상새예요. 이빨이 나 있었고, 날개에 발톱이 있었으며, 꼬리가 길었어요.

날개를 다시 앞다리로?

박쥐와 달리 새의 날개에는 발가락이 달려 있지 않아요. 하지만 쇠물닭이나 호아친의 새끼는 종종 날개에 발톱을 갖고 태어나기도 해요. 유전자는 이미 있는 거니까 새의 날개를 공룡의 앞다리로 되돌리는 것도 가능할지 몰라요.

무섭지? 난 공룡이 될 수도 있다고!

쇠물닭 새끼의 날개 발톱

진화는 계속된다

다윈은 진화론을 주장하기 위해
생물들이 어떻게 생겼고
어떻게 활동하는지를 꼼꼼하게 관찰했어요.
하지만 모든 종을 빠짐없이 기록할 수는 없었어요.
그는 나중에 자신이 옳았음이 입증할
더 많은 새로운 발견이 나오기를
바랄 수밖에 없었지요.

오늘날 과학자들은 다윈이 빠뜨린
부분들을 채우는 중이에요.
그동안 새로운 화석들이 많이 발견되었고
DNA 기술은 식물과 동물 사이의
놀라운 관계를 밝혀내고 있어요.
하지만 진화를 이해하려면
아직도 갈 길이 멀어요.

그런데 여기서 한 가지 궁금증이 생기네요.
사람은 지금도 진화하고 있을까요,
아니면 한계에 도달했을까요?
그 답을 알려면 그저 기다려 보는 수밖에 없겠네요.

생명의 역사

맨 처음 지구는 대단히 뜨겁고 산소는 없었어요. 화산이 하늘로 기체들을 뿜어내고, 수증기는 비가 되어 내려서 바다를 만들었어요.

우리 행성 지구의 나이는 약 45억 년이에요. 맨 처음 지구는 유독한 기체들로 둘러싸인 뜨거운 돌덩어리나 다름없었어요. 온갖 화학 물질이 바다로 쏟아져 내렸고, 바다에서 그 물질들은 서로 반응하여 스스로를 복제하는 분자를 만들어 냈어요. **핵산**이라고 하는 이 분자들은 조금씩 변화했고 스스로를 더 잘 복제하는 것들이 우위를 차지했어요.

바다 속 대사건

일부 과학자들은 생명이 바다 밑의 열수공 주위에서 시작되었다고 생각해요. 열수공은 땅속에 있는 뜨거운 마그마를 뿜어내며, 더 큰 분자가 만들어질 수 있도록 에너지를 제공했어요.

분자들은 서로 결합하고 스스로를 복제하기도 해요. 이런 능력은 생물의 발달 단계에 중요한 열쇠가 돼요.

38억 년 전, 단세포인 박테리아(세균)가 생겨났어요.

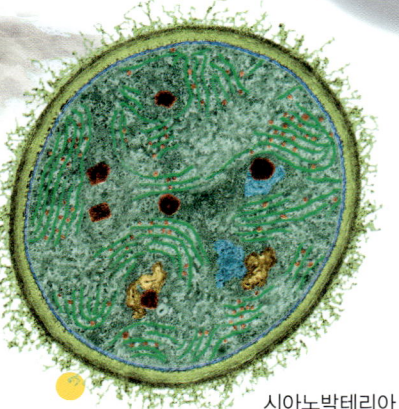

시아노박테리아

시아노박테리아(남세균)는 바다에 산소를 만들었어요.

오스트레일리아의 살아 있는 스트로마톨라이트

대기 중에 산소가 증가했어요.

40억 년 전

세포

효율적인 복제 기구가 복잡한 화학 물질인 DNA를 만들어 낸 뒤, 그것을 막으로 감싸서 외부 환경으로부터 보호했어요. 이 단순한 생물이 바로 최초의 박테리아였어요.

36억 년 전

산소 만들기

시아노박테리아는 햇빛을 이용한 광합성을 통해 산소를 만들어 냈어요. 바다를 생물이 살 만한 곳으로 만든 셈이지요.

32억 년 전

스트로마톨라이트

스트로마톨라이트는 시아노박테리아들이 만든 돌덩어리예요. 시아노박테리아는 대기로 산소를 뿜어냈고, 산소는 자외선과 반응하여 지구 주위에 오존층을 형성했어요. 오존층은 유해한 광선으로부터 생물을 보호했어요.

생명의 역사

최초의 동물

캐나다의 에디아카라 화석을 보면 언제 다세포 동물들이 출현했는지 알 수 있어요. 다세포 동물들의 몸은 주로 지렁이나 해파리처럼 딱딱한 부분이 없었지만 형태는 매우 다양하게 진화했어요.

지의류는 조류와 곰팡이의 복합체예요.

선캄브리아대에 살았던 에디아카라 해파리 화석

난 할루키게니아야. 다리와 가시, 긴 창자가 있는 걸 보면 내가 무언가를 잡아먹었다는 걸 알겠지?

원생생물은 세포핵을 지닌 단세포 생물이에요. 모든 식물, 곰팡이, 동물의 조상이지요.

지의류

지의류는 육지에 정착한 최초의 복잡한 생물이었어요. 그들은 대기에서 이산화탄소를 대량으로 흡수하고 산소를 뿜어냈어요. 이산화탄소가 줄어들면서 기온이 낮아졌고, 산소가 늘어난 덕분에 초기 동물들은 더 크고 더 복잡하게 진화할 수 있었어요.

대폭발

다윈은 캄브리아기가 시작될 시점에 발견되는 화석 종의 수가 갑자기 늘어난다는 사실에 당황했어요. 이 생명체들의 대폭발은 산소 농도가 급격히 증가했거나 새로운 서식지들이 크게 늘어난 덕분인지도 몰라요.

18억 년 전
최초의 원생생물이 출현했어요.

6억 3500만 년 전
마지막으로 지구가 눈덩이로 변했어요.

7억 년 전 **6억 3500만 년 전** **5억 4200만 년 전**

13억 년 전
최초의 곰팡이 출현

눈덩이 지구

지구는 여러 차례 거대한 눈덩이로 변했어요. 그때마다 얼음이 수백 미터 두께로 덮였지만, 박테리아와 곰팡이는 추위에도 활동할 수 있도록 진화한 단백질들을 지니고 있었기 때문에 살아남을 수 있었어요.

사냥의 시작

캄브리아기 초에 나타난 생물들은 이빨이나 창자, 날카로운 가지나 단단한 껍데기도 갖고 있었어요. 이것을 보면 동물이 어떻게 다른 동물을 잡아먹기 시작했는지를 알 수 있어요.

67

진화는 계속된다

캄브리아기
5억 4200만 년 전~4억 8800만 년 전

오르도비스기
4억 8800년 전~4억 4300만 년 전

실루리아기
4억 4300만 년 전~4억 1600만 년 전

캄브리아기에는 동물의 종류가 아주 다양해졌어요. 적도 부근에 육지가 있었지만 대기에 산소가 거의 없었기 때문에, 생물들은 바다에서 살았어요. 해면동물, 환형동물, 연체동물이 많았고 단단한 껍데기를 지닌 무척추동물인 삼엽충이 처음 출현했어요. 육상식물은 아직 나타나지 않았어요.

오르도비스기가 시작될 무렵 대륙들은 이동하기 시작했고, 남극 전체가 얼음으로 뒤덮였어요. 산호동물이 처음 출현했고, 고둥, 조개, 오징어처럼 생긴 동물들도 출현했어요. 턱이 없는 갑주어류가 바다 밑에서 자라난 바다나리들 사이를 헤엄쳤어요. 몇몇 절지동물들이 처음으로 육지로 올라가기 시작했어요.

오르도비스기 말에 형성되었던 얼음이 녹으면서 해수면이 크게 솟아올랐어요. 많은 종들이 사라졌고, 다른 동물들에게 기회가 찾아왔어요. 턱이 없는 무악어류가 무수히 늘어났고 일부는 민물인 강으로 갔어요. 그리고 같은 시기에 턱이 있는 물고기도 출현했어요. 거대한 전갈류가 바다 밑을 돌아다녔고 산호동물들은 대규모 산호초를 이루었어요. 식물들은 처음으로 육지에 자리를 잡기 시작했지요.

삼엽충은 3억 년 동안 바다를 지배했어요. 독특한 눈 덕분에 먹이를 잘 찾아낼 수 있었지요.

바다나리는 오늘날 불가사리 및 깃별나리의 먼 친척이에요.

최초의 육상식물은 오늘날의 솔잎란처럼 단순한 뿌리를 가지고 있었어요.

5억 4200만 년 전

4억 8800만 년 전

4억 4300만 년 전

완족류는 캄브리아기 바다 밑에 많이 있었어요. 오늘날 볼 수 있는 완족류는 그때에 비해 수가 훨씬 적어요.

새로 나온 갑옷이야!

이 희한하게 생긴 동물이 등뼈를 지닌 모든 동물의 조상인 듯해요.

코투르노시스티스 엘리자이

최초의 물고기는 턱이 없었어요. 하지만 어떤 종류는 머리가 단단한 판으로 덮여 있었고 근육을 지탱하는 내골격도 지니고 있었어요.

생명의 역사

데본기
4억 1600만 년 전 ~ 3억 5900만 년 전

석탄기
3억 5900만 년 전 ~ 2억 9900만 년 전

페름기
2억 9900만 년 전 ~ 2억 5100만 년 전

데본기는 어류의 시대였어요. 수많은 원시 상어들이 바다를 누볐고, 단단한 뼈와 도톰한 지느러미를 지닌 육기어류도 처음으로 출현했어요. 연체류 중 마지막으로 암모나이트가 등장했고 삼엽충은 쇠퇴하기 시작했어요. 이 시기가 끝날 무렵 육기어류는 지느러미로 걷기 시작했고, 육지로 올라감으로써 최초의 사지류(네발동물)로 진화했어요. 육상식물들은 다양한 종류로 늘어났어요.

바닷가 습지에서는 원시 나무들이 무성하게 자라 거대한 숲을 이루었어요. 사지류는 육지 위를 돌아다니면서 양서류로 진화하고 있었지요. 곤충들은 날개가 생겨 하늘을 날아다녔고, 연체동물, 산호동물, 바다나리류 같은 해양생물도 번성했어요. 이 시기 말에 육지에 낳은 알에서 최초의 파충류가 태어났지요.

이때는 모든 대륙들이 합쳐져서 판게아라는 초대륙이 만들어졌어요. 그 결과 해안선이 줄어들면서 많은 해양동물들이 사라졌고, 내륙에는 드넓은 사막이 생겼어요. 최초의 종자식물이 출현했고, 양서류와 파충류는 더욱 다양해졌어요. 나중에 공룡과 포유류가 될 동물들도 생겨났지요.

나무 둥치 화석

아, 신선한 공기! 진작 육지에 와 볼걸.

습지는 수백만 그루의 나무 밑동을 보존하기에 알맞은 곳이었어요. 죽은 나무 밑동은 진흙에 덮인 채 보존되어 석탄층이 되었지요.

디메트로돈은 고기를 먹는 데 알맞은 이빨을 지닌 포유류형 파충류였어요.

4억 1600만 년 전   3억 5900만 년 전   2억 9900만 년 전

육기어류인 폐어는 아가미뿐만 아니라 폐도 가지고 있어서 수면에서 공기를 마실 수 있었어요.

동네 주민 찾기
인터넷이나 책을 통해 여러분이 살고 있는 동네가 언제 만들어졌는지 알아봐요. 그런 다음 해당 지층에서 발견된 화석 사진들을 모아 먼 옛날 동네에 어떤 생물들이 살았는지 지도를 만들어 봐요.

그동안 실러캔스는 백악기 말에 멸종한 어류로 여겨졌어요. 그런데 1938년에 살아 있는 실러캔스가 발견되었어요.

진화는 계속된다

트라이아스기
2억 5100만 년 전~1억 9900만 년 전

쥐라기
1억 9900만 년 전~1억 4500만 년 전

백악기
1억 4500만 년 전~6500만 년 전

트라이아스기의 따뜻한 기후는 파충류가 번성하기에 알맞았어요. 익룡처럼 하늘을 나는 파충류, 어룡처럼 바다에 사는 파충류, 초기 악어류와 거북류처럼 강가에서 사는 파충류까지 생겨났어요. 바다에는 암모나이트가 많았고, 최초의 불가사리와 성게가 출현했어요. 육지에는 침엽수, 은행나무류, 소철류, 종자고사리류가 자랐고 최초의 꽃식물이 출현했어요. 이 시기 말에는 작은 야행성 포유류가 살아남았지요.

쥐라기는 공룡의 시대로 유명해요. 몸집이 크고 네다리로 걸었던 초식공룡은 육식공룡의 먹이가 되었어요. 깃털 달린 작은 공룡으로부터 최초의 새가 진화했어요. 오늘날과 같은 상어가 출현했고 양서류는 오늘날 개구리 및 두꺼비와 더 비슷한 모습을 띠기 시작했어요. 그러다가 판게아가 쪼개지기 시작하면서 많은 땅이 물에 잠겼어요.

백악기에는 대륙들이 오늘날과 같은 모습들로 자리를 잡았어요. 백악기는 티라노사우루스 같은 포식자들의 시대였어요. 꽃식물들이 번성하기 시작했고 이와 함께 꽃가루를 옮기는 곤충들도 다양해졌어요. 익룡은 멸종했고, 유대류의 조상을 비롯하여 포유류가 출현했어요.

목련 화석은 오늘날의 목련과 거의 똑같아요.

맨 처음 새들은 조상인 공룡처럼 이빨과 날개 발톱이 있었어요.

크아아앙
내 세상이다!

2억 5100만년 전　　**1억 9900만년 전**　　**1억 4500만년 전**

어룡은 돌고래처럼 생긴 파충류였어요.

초식공룡인 브라키오사우루스는 몸길이가 20미터가 넘었어요.

메가조스트로돈
메가조스트로돈은 작은 땃쥐처럼 생긴 포유류였어요. 메가조스트로돈은 알을 낳았어요. 몸이 털로 덮여 있어서 밤에 먹이를 찾으러 다닐 때에도 체온을 유지할 수 있었지요.

생명의 역사

제3기
6500만 년 전~180만 년 전

제4기
180만 년 전~현재

대량 멸종

백악기 말에 공룡을 비롯한 수많은 종들이 사라져 버렸어요. 도대체 무슨 일이 벌어졌던 걸까요? 많은 과학자들은 소행성이 지구에 충돌했다고 생각해요. 지구는 먼지 구름으로 뒤덮여 기후가 바뀌었고, 새 환경에 적응했던 생물들만 살아남았어요.

포유류는 종과 수를 늘려가면서 파충류와 공룡이 남긴 서식지들을 메웠어요. 이 시기에는 오늘날 볼 수 있는 어류, 무척추동물, 조류, 곤충, 꽃식물들의 대부분이 출현했어요. 제3기 말에는 최초의 원인류(초기 인류)가 출현했어요. 기온이 점점 더 떨어지면서 초원이 늘어났고, 풀을 뜯는 동물들의 수도 함께 늘어났어요.

큰땅늘보는 나무늘보와 비슷하게 생겼지만 키가 6미터나 되어서 나무에 매달릴 수 없었어요.

제4기는 빙하기와 함께 시작되었어요. 해수면이 내려가면서 대륙들 사이를 동물들이 이동할 수 있었지요. 추위에 적응했던 매머드 같은 거대한 포유류는 기온이 상승하면서 사라지기 시작했어요. 칼이빨호랑이류와 동굴곰 같은 대형 육식동물들도 사라졌어요. 인류도 많은 종들이 사라졌으며, 호모 사피엔스만이 유일한 생존자로 남았어요.

무시무시한 사냥꾼이었던 칼이빨호랑이류는 송곳니가 20센티미터나 되었어요.

티라노사우루스

6500만 년 전   180만 년 전

최초의 인류는 약 500만 년 전에 출현했어요.

호모 사피엔스의 등장

25만 년 전에 현대 인류인 호모 사피엔스가 등장했어요. 2만 5000년 전까지 우리는 좀 더 건장한 체구의 네안데르탈인과 함께였어요. 네안데르탈인이 왜 사라졌는지는 정확히 알려지지 않았어요.

진화는 계속된다

잃어버린 고리

다윈에게 닥친 가장 큰 문제 중 하나는 진화를 보여 주는 화석 기록에 틈이 있다는 거였어요. 마치 꼭 필요한 퍼즐 조각을 잃어버린 것 같았지요. 당시 지질학은 새로운 학문이었으며, 암석과 화석이 언제 만들어졌는지 알아내기가 대단히 어려웠어요. 그 뒤로 점점 더 새로운 화석이 발견되면서 틈이 차차 메워졌어요.

비늘에서 깃털로

최초로 발견된 잃어버린 고리 중 하나는 바로 공룡에서 새로의 진화를 보여 주는 시조새의 화석이었어요. 그 뒤로 새처럼 머리부터 꼬리까지 솜털로 덮여 있지만 날지는 못했던 드로마이오사우루스의 화석이 발견되었어요. 이 화석들은 깃털이 처음에는 체온을 보존하는 수단으로써 진화했음을 나타내요.

발 달린 물고기

어류와 사지류의 중간 형태인 틱타알릭은 지느러미로 버티고 설 수 있는 발목뼈와 발가락뼈가 발달했어요. 머리 위의 구멍은 원시적인 폐로 공기를 들이마셨음을 알려 줘요.

개구리와 도롱뇽

2008년에 개구리와 도롱뇽의 특징을 고루 갖춘 조상 화석이 발견되었어요. 프로가맨더는 모습은 도롱뇽이지만 머리와 턱은 개구리를 닮았어요. 개구리와 도롱뇽은 2억 7500만 년 전~2억 4000만 년 전에 갈라진 것으로 보여요.

돌에 담긴 기록

1880년에 나온 책에 실린 이 그림을 보면 지질학자들이 발견한 화석들을 그 지역의 지층 순서에 맞추려고 애썼다는 걸 알 수 있어요.

풀리지 않는 수수께끼

다윈은 꽃식물이 어떻게 짧은 기간에 그렇게 다양해지고 전 세계로 퍼져나갔는지가 질리도록 풀리지 않는 수수께끼라고 했어요. 2006년 과학자들은 태평양의 한 섬에서 1억 3000만 년 전에 진화한 최초의 꽃식물로 보이는 식물을 발견했어요. '암보렐라'라는 이 식물은 꽃식물이면서도 마치 침엽수와 같은 방식으로 씨를 맺어요.

귀의 진화

포유류의 귀가 어떻게 진화했는지는 어류, 양서류, 파충류 화석을 통해 추적할 수 있어요. 포유류의 속귀에는 세 개의 작은 뼈가 있는데, 그것들은 원래 어류의 턱뼈였어요. 긴 세월 동안 그 뼈들이 줄어들어 턱에서 위로 이동함으로써 포유류는 다른 동물들보다 뛰어난 청각을 지니게 되었어요.

오리너구리

맨 처음 오스트레일리아에서 보내온 오리너구리 표본을 본 유럽 사람들은 새, 파충류, 포유류를 짜깁기한 가짜라고 생각했어요. 나중에 오리너구리 유전자를 조사해 보았는데, 정말로 그 세 종류의 특징이 고루 드러났어요. 오리너구리는 파충류에서 갈라진 최초의 포유류예요. 알을 낳지만 다른 포유류처럼 새끼에게 젖을 먹여요. 또 파충류 조상과 별개로 독을 만드는 능력도 진화시켰어요.

거슬러 올라가기

물고기와 악어, 도마뱀과 새, 파충류와 포유류 등 서로 전혀 다르게 보이는 동물을 두 마리 골라 봐요. 그런 다음 현재의 모습과 생활 방식에 이르기까지 어떤 단계들을 거쳤을지 적어요. 얼마나 거슬러 올라가면 되나요?

진화는 계속된다

외딴 섬에서

많은 섬에서 그곳에서만 볼 수 있는 동식물들이 발견돼요. 그 동식물의 조상들은 섬이 다른 땅과 분리될 때부터 그곳에 있었거나, 나중에 바람이나 파도를 타고 들어온 거예요. 동식물들은 섬에 들어온 뒤 새로운 환경에 적응해서 진화해 나갔지요.

마다가스카르

1억 6500만 년 전에 아프리카 대륙에서 갈라진 섬인 마다가스카르는 지구에서 가장 생물이 다양한 곳 중 하나예요.

그때는 아프리카 대륙에 코끼리와 기린 같은 대형 포유류가 진화하기 훨씬 전이었으므로, 마다가스카르에는 그런 동물들이 없어요.

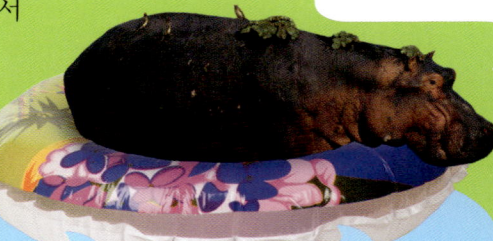

튜브를 타고 갔으면 편했을 텐데.

마다가스카르에 사는 유일한 대형 포유류인 하마는 아프리카 대륙에서 헤엄쳐 건너왔을 거예요.

오스트레일리아

오리너구리, 수수두꺼비, 바늘두더지, 캥거루

오스트레일리아에는 독특한 포유류들이 많이 살고 있어요. 바늘두더지와 오리너구리는 알을 낳는 단공류이고 캥거루, 코알라, 주머니쥐, 반디쿠트, 웜뱃 등은 육아주머니에 덜 자란 새끼를 기르는 유대류이지요.

갈라파고스 제도

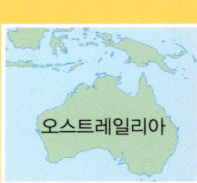

내 꿈은 갈라파고스 제도에서 가장 큰 거북이 되는 거야.

갈라파고스 거북은 포식자가 없어서 몸집이 아주 커졌어요.

태평양의 여러 화산섬들로 이루어진 갈라파고스 제도는 다른 대륙과 이어진 적이 없으므로, 모든 종들은 다른 곳에서 들어왔어요. 여러 섬에서 비슷한 동식물들이 발견되기도 하지만, 다양한 핀치의 부리와 육지거북의 등딱지에서 볼 수 있듯이 종들은 각각의 섬에 맞게 저마다 독특한 모습으로 진화했어요.

외딴 섬에서

섬 생물의 진화가 항상 섬 안에서만 이루어지는 것은 아니에요. 카리브 해의 생물을 연구하던 과학자들은 아놀도마뱀이 허리케인에 휩쓸려 새로운 섬에 닿은 뒤 그 섬의 종과 교배하여 번식한 사례를 발견했어요. 그러면 유전자풀이 섞이면서 그곳만의 독특한 진화가 일어나는 것을 막기도 해요. 새와 박쥐처럼 하늘을 나는 동물들은 고향으로 돌아가서 새 환경에 적응하기도 하지요.

아놀도마뱀

마다가스카르에는 여우원숭이, 시파카, 아이아이 같은 영장류와 텐렉, 카멜레온 등이 살아요. 이 동물들은 다른 곳에서 볼 수 없어요. 하지만 사람이 이 섬에 들어온 뒤로 여우원숭이, 코끼리거북, 난쟁이하마, 코끼리새 같은 몸집이 큰 동물들은 대부분 사라졌어요. 나머지 동물들도 살 곳이 줄어들어 생존의 위협을 받고 있어요.

알락꼬리여우원숭이

텐렉

잭슨카멜레온

내가 왔다!

오스트레일리아는 인도네시아 제도와 가깝기 때문에 사람과 동물이 건너갈 수 있었어요. 때로는 외부에서 들어온 침입자들이 그곳의 고유 동식물과 경쟁을 벌이기도 해요. 태즈메이니아호랑이는 사람들에게 사냥당해 멸종했고, 야생 개인 딩고는 태즈메이니아호랑이의 자리를 대신했지요. 수수두꺼비는 사탕수수 밭의 해충을 없애기 위해 들어왔지만, 천적이 없다 보니 수가 너무 늘어서 골칫거리가 되었어요.

난 새로운 땅을 개척하겠어!

일부 주머니쥐는 대륙이 나누어지기 전에 아메리카 대륙으로 건너갔어요.

딩고

갈라파고스 제도에 사는 핀치류는 각 섬에서 얻을 수 있는 먹이에 따라 부리 모양이 다르게 진화했어요.

나는 햇빛과 바다와 바닷말만 있으면 돼.

바다이구아나는 바닷말을 먹는 쪽으로 적응했어요.

갈라파고스 제도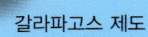

진화는 계속된다

닮은 듯 다른 꼴

생물은 자기가 사는 곳과 먹이, 움직이는 방식에 맞는 특징을 갖고 있어요. 그 결과 친척이 아닌 종과 비슷한 모습을 띠는 경우도 종종 있지요. 다음의 다섯 가지 동물을 살펴볼까요?

북아메리카에 사는 아르마딜로 — 거긴 좀 어때?

남아메리카에 사는 개미핥기

아프리카에 사는 땅돼지 — 뭐, 먹고 살 만해.

박쥐와 새는 둘 다 날 수 있지만 날개는

박쥐는 빠르게 날개를 저어서 날아요.

이런 손가락으로는 할퀼 수가 없잖아.

엄지
손목뼈
손가락

날개는 날개인데

날개가 있다면 박쥐는 새일까요? 땡! 틀렸어요. 박쥐와 새가 같은 특징을 지닌다고 해서 공통 조상의 후손이라는 뜻은 아니에요. 사실 새와 박쥐의 날개는 큰 차이가 나요.

박쥐

박쥐의 팔뼈는 사람의 팔뼈와 아주 비슷해요. 하지만 사람은 손가락이 아주 짧고, 박쥐는 날개의 질긴 피부를 지탱하기 위해 손가락이 아주 길어요. 박쥐는 손가락을 움직여서 날개의 모양을 바꾸기 때문에 나는 방향을 쉽게 바꾸어요.

닮은 점

1. 땅을 파헤치기 알맞게 코가 기다랗고 유연해요.
2. 길고 끈끈한 혀로 개미와 흰개미를 잡아요. 개미핥기는 혀를 1분에 150번이나 날름거릴 수 있어요.
3. 침을 많이 분비해서 혀를 끈끈하게 유지해요.
4. 개미 언덕을 파기 좋도록 튼튼한 발톱을 갖고 있어요.
5. 땅돼지와 아르마딜로는 못처럼 생긴 이빨이 몇 개 있어요.

아프리카에 사는 천산갑

오스트레일리아의 바늘두더지

배고파. 개미 좀 나눠 줘.

다르게 생겼어요.

큰 새는 날개를 계속 펄럭거리기보다는 날개를 쭉 편 채 바람을 타요.

손가락
손목뼈
위팔뼈

새

새의 날개는 박쥐의 날개보다는 유연하지 못해요. 새의 날개는 위팔뼈가 짧고 뻣뻣하며, 손목뼈가 고정되어 있고, 거기에 작은 손가락이 세 개 붙어 있어요. 팔뼈로 깃털을 지탱하기 때문에 방향을 빨리 바꾸기가 어려워요.

따라 하지 마!

친척이 아닌 종들이 비슷한 경로를 따라 진화하여 각자 환경에서 같은 역할을 맡을 때, 그것을 **수렴 진화**라고 해요. 아메리카와 아프리카 대륙에 사는 호저류처럼 수천 년 동안 떨어져서 진화했는데도 똑같이 뾰족한 바늘이 있는 경우도 있어요. 이것을 **평행 진화**라고 해요.

독화살개구리   만텔라개구리

개구리 조심

남아메리카의 독화살개구리와 마다가스카르의 만텔라개구리는 친척이 아닌데도 똑같이 먹이인 개미에게 얻은 독을 피부에 저장해요. 경고 표시로 새빨간 피부색을 갖고 있는 것도 똑같지요.

코알라   사람

지문 확인

코알라는 영장류가 아닌데도 지문을 갖고 있어요. 코알라의 지문은 인간의 것과 거의 똑같고, 개체마다 달라요. 코알라의 가장 가까운 친척인 웜뱃은 지문이 없어요. 지문이 있으면 무언가를 움켜쥐기 좋아요.

아주 작았던 시절

어떤 생물이 수정란에서 복잡한 개체가 되는 과정을 **발생**이라고 하고, 발생 초기 단계를 **배**라고 해요. 많은 동물들의 배는 서로 아주 닮았어요. 배의 여러 특징들 가운데는 계속 남아서 다리, 이빨, 꼬리가 되는 것들도 있고, 태어나기 전에 사라지는 것들도 있어요.

 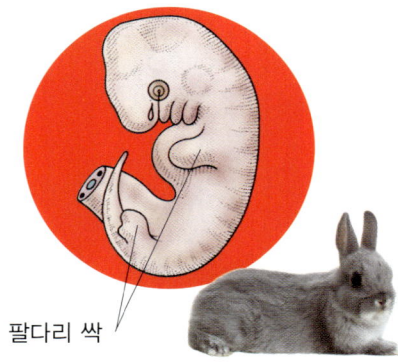 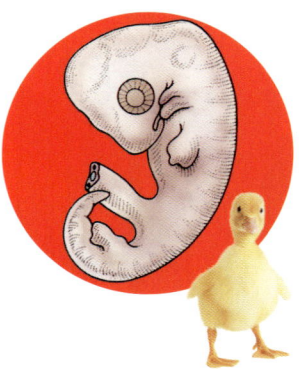 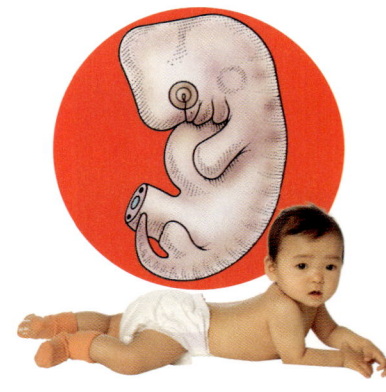

팔다리 싹

차이점

배는 주로 각 구조들이 진화한 순서에 맞추어 발달해요. 등뼈는 모든 척추동물에서 가장 일찍 형성되는 특징 중 하나예요. 등뼈의 한쪽 끝에는 머리가, 반대쪽에는 꼬리가 생겨요. 그런 다음 팔다리의 싹이 나타나며, 눈도 나타나요. 몇 주가 더 지나면서 어떤 유전자가 켜지고 꺼지는지에 따라 배들은 서로 점점 다른 모습을 띠어 가요.

어디에서 왔니?

어떤 동물은 먼 조상에게서나 찾을 수 있었던 기관이나 구조를 지니고 태어나기도 해요. 그런 특징이 다시 나타나는 것은 유전적 변화가 어떻게 새로운 종을 만드는지를 알아볼 수 있는 단서가 돼요.

발가락

오늘날 말은 발가락이 하나뿐이지만, 말의 조상은 발가락이 다섯 개였어요. 오늘날에도 발굽 양쪽으로 작은 발가락이 하나씩 붙은 망아지가 태어나기도 해요.

발톱

개는 양발에 발가락이 네 개씩 있어요. 가끔 뒷다리나 앞다리의 발 약간 위쪽에 며느리발톱이 나기도 해요.

꼬리

믿기 어렵겠지만 가끔은 짧은 꼬리를 달고 태어나는 사람도 있어요. 사람은 누구나 꼬리를 만드는 유전자를 갖고 있지만, 대개 발생 초기에 꺼지기 때문에 자라지 않는 거예요.

놀라운 지느러미

일부 고래와 돌고래의 몸속에는 한때 조상들이 땅 위를 걸었음을 보여 주는 작은 뼈들이 있어요. 이 뼈는 이따금 작은 지느러미발의 형태로 다시 나타나요.

전혀 필요 없다고 생각하던 것도

생물의 발생 법칙

독일 생물학자인 에른스트 헤켈은 발생 단계별로 배의 그림을 그리고, 동물의 배가 조상들의 모습을 닮은 단계들을 거친다고 주장했어요. 나중에 배들은 조상이 아니라 가까운 종들끼리 닮은 것임이 드러났지요.

점과 줄무늬

동물의 몸에 난 점이나 줄무늬는 배의 피부에 점을 만드는 두 가지 화학 물질 때문이에요. 이 화학 물질들은 피부색 유전자를 켜거나 끄며, 점의 크기를 결정해요. 한 화학 물질이 너무 많으면 점들이 서로 이어져서 띠가 돼요. 동물의 크기도 중요한 문제예요. 생쥐 같은 아주 작은 동물은 점이 없어요. 코끼리처럼 몸집이 큰 동물들은 상대적으로 점이 작아서 잘 보이지 않기도 해요.

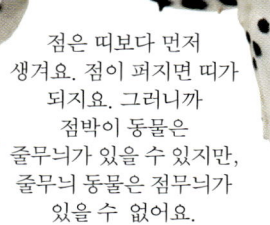

점은 띠보다 먼저 생겨요. 점이 퍼지면 띠가 되지요. 그러니까 점박이 동물은 줄무늬가 있을 수 있지만, 줄무늬 동물은 점무늬가 있을 수 없어요.

있으나 마나

오늘날 많은 생물들이 갖고 있는 특징은 조상들이 환경에 적응해서 살아남는 데 쓸모가 있었던 것들이에요. 하지만 지금에 와서는 쓸모가 없어졌거나 극히 한정된 기능만 하게 된 경우가 많아요.

날개의 용도
타조와 에뮤는 날개가 있지만 날 수 없어요. 대신 달릴 때 날개로 균형을 잡아요. 또 날개를 저어서 짝을 유혹하지요.

무늬만 꽃
민들레는 꽃과 꽃가루를 만들기는 하지만, 제꽃가루받이로 씨를 맺어요. 그 씨는 민들레와 똑같은 특징을 갖고 자라지요.

쓸모 없는 눈
두더지와 동굴도롱뇽은 눈이 있긴 하지만 쓰지는 않아요. 아주 오랫동안 어둠 속에서 살아 왔기 때문에 그들의 눈은 빛이나 그늘만 감지할 뿐 그 밖의 것을 구별하지 못해요.

숨은 날개
집게벌레 가운데는 가죽 같은 앞날개 밑에 접힌 속날개를 한 쌍 갖고 있기도 해요. 하지만 집게벌레가 나는 경우는 거의 없어요. 날개를 펴는 데 너무 오랜 시간이 걸리거든요.

언젠가는 필요하게 될지 몰라요.

가장 가까운 친척은

사람은 침팬지를 비롯한 유인원과 친척이에요. 더 거슬러 올라가 보면 어류, 파충류, 곤충과의 공통 조상도 찾을 수 있겠지요. 모든 생물의 계보는 수십억 년 전에 살았던

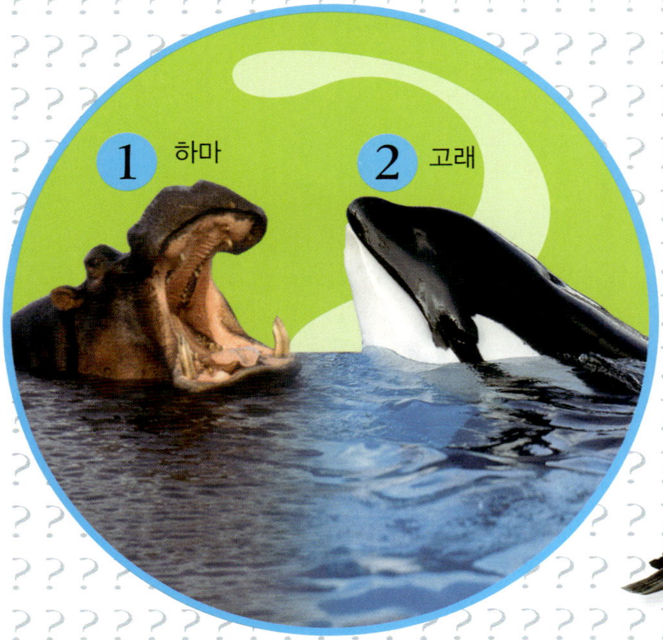

1 하마
2 고래

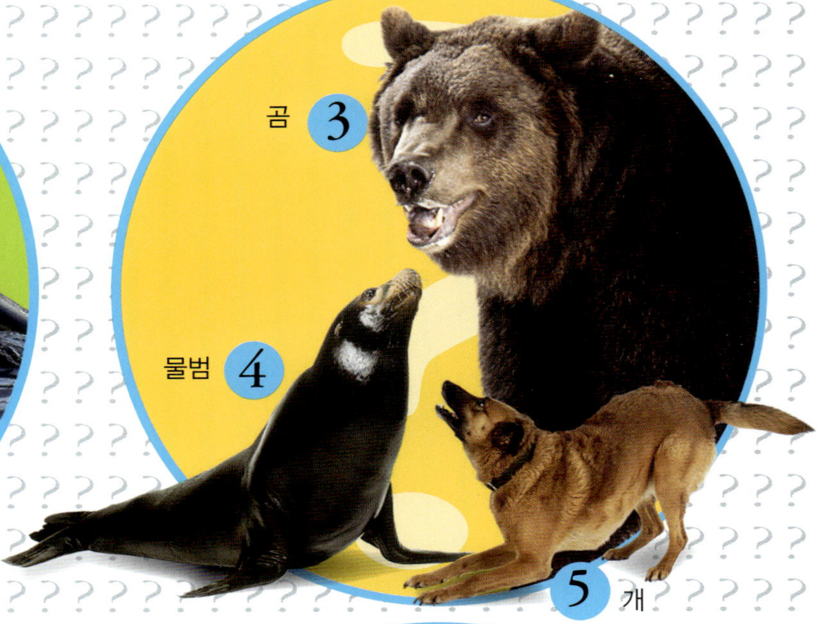

곰 3
물범 4
5 개

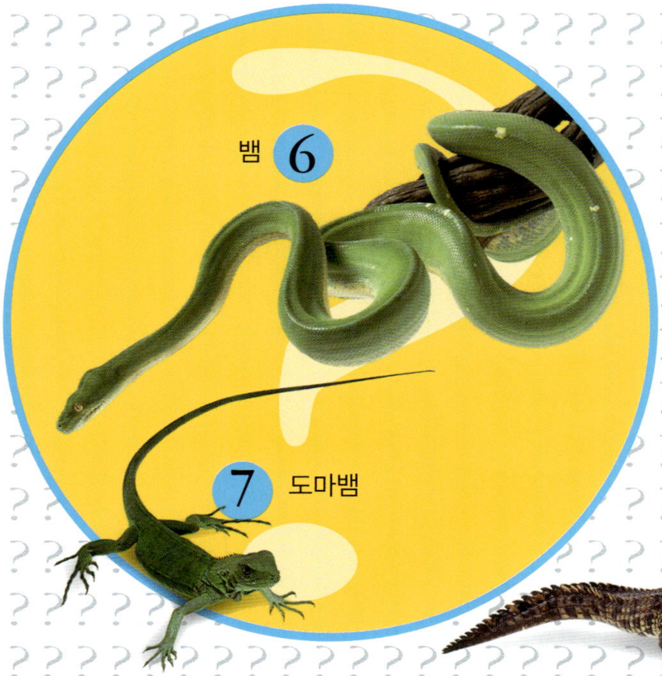

뱀 6
7 도마뱀

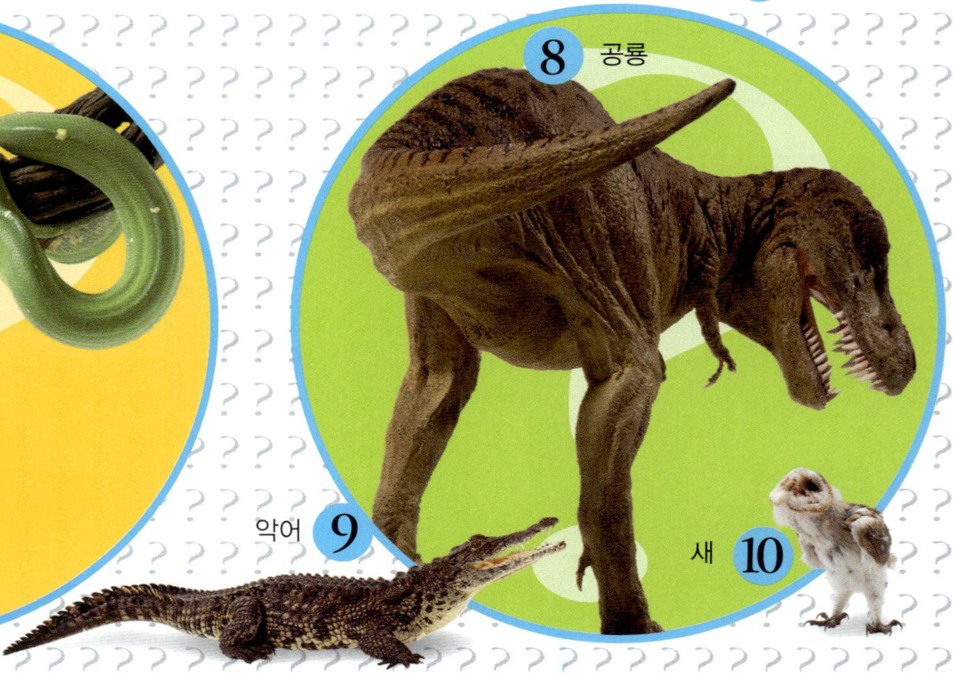

8 공룡
악어 9
새 10

풀이

선인장과 황옥은 사막에 살지만 친척은 아니에요. 둘은 수렴 진화한 사례예요.
투구게는 게가 아니에요. 키다리게보다는 거미와 더 가까워요.
듀공은 코끼리와 가장 가까운 친척이에요.
이 둘은 또 바위너구리와 친척 사이예요.
말벌과 뒤영벌은 가까운 친척이지만, 꽃등에는 아니에요. 꽃등에는 포식자가 겁먹도록 말벌과 비슷한 모습으로 진화한 거예요.

누구와 누구?

박테리아로 이어져요. 친척 관계를 쉽게 알아볼 수 있는 동물들도 있지만, 늘 그렇게 뚜렷이 보이는 건 아니에요. 다음 중 누구와 누가 가까운 친척인지 찾아봐요.

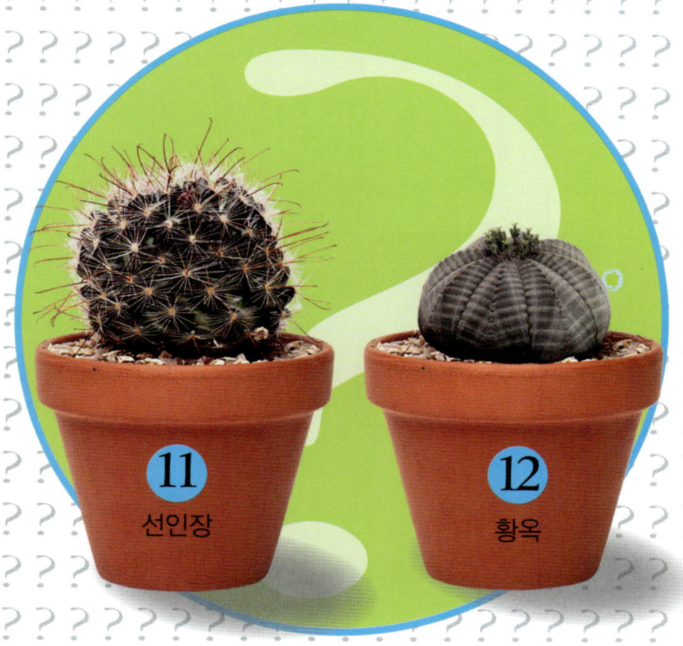
11
선인장
12
황옥

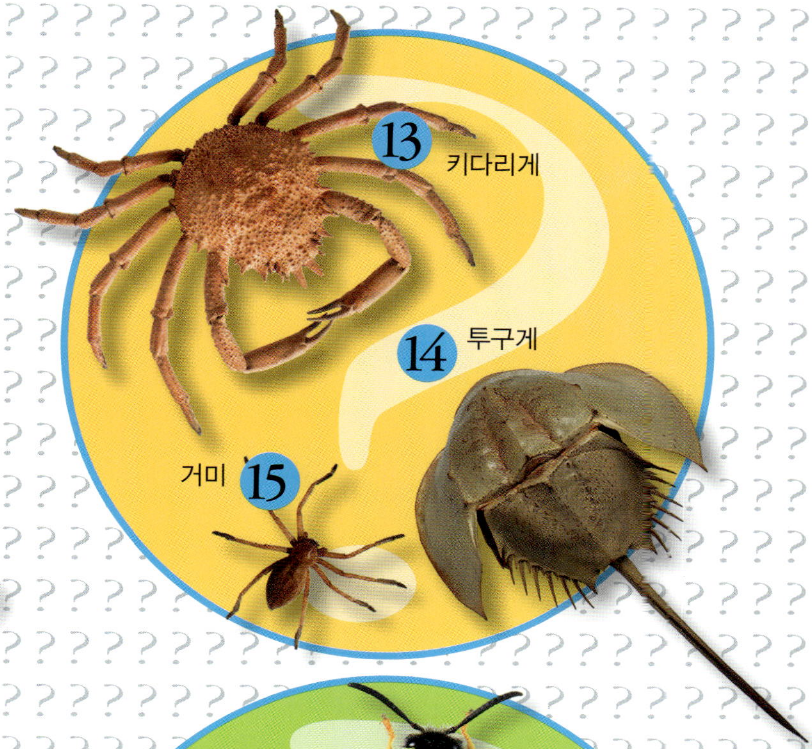
13
키다리게
14
투구게
거미
15

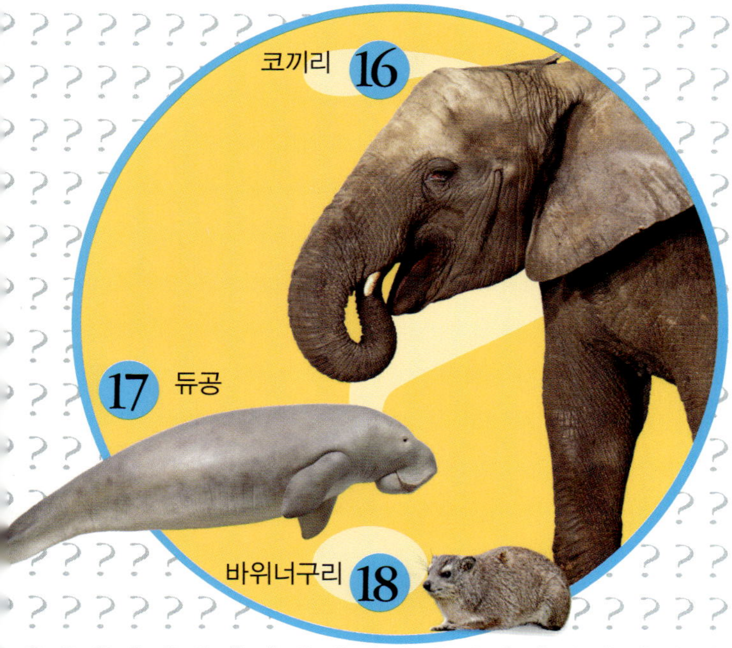
코끼리
16
17
듀공
바위너구리
18

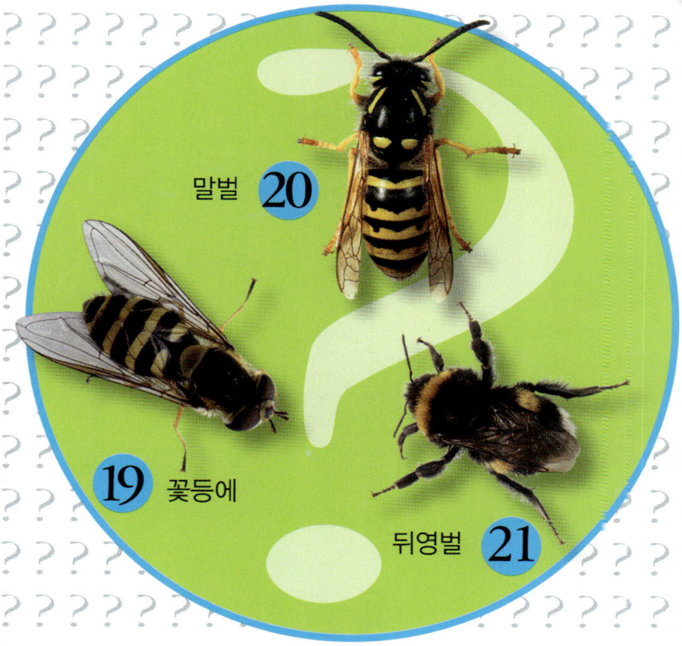
말벌
20
19
꽃등에
뒤영벌
21

풀이

하마는 고래의 가장 가까운 친척이에요. 예전에 고래는 네다리로 땅 위를 걸어 다녔어요.

곰과 물범, 개는 서로 가까운 육식동물들이에요. 반면에 고양이류와 하이에나류는 진화도에서 다른 가지에 속해요.

뱀과 도마뱀은 가까운 친척이에요. 일부 뱀은 엉덩이뼈를 갖고 있어서, 한때는 도마뱀처럼 네다리가 있었음을 보여 주지요.

새는 공룡에서 진화했고, 둘 다 파충류에서 유래했어요. 새의 살아 있는 가장 가까운 파충류 친척은 악어예요.

진화는 계속된다

말의 진화

말은 진화가 어떻게 이루어지는지를 보여 주는 대표적인 예예요. 다양한 종류의 말 화석들은 수천만 년에 걸쳐 말이 어떤 크고 작은 변화들을 겪었는지 보여 줘요. 커졌다가 다시 작아진 말도 있고, 발가락이 세 개인 채로 남은 말도 있고, 급격히 다양해졌다가 급격히 사라진 말도 있었어요. 또 같은 시기에 서로 다른 특징을 지닌 말이 여러 종 살기도 했어요.

가지 뻗기

진화는 한 종에서 다음 종으로 쭉 이어지는 사례가 거의 없어요. 진화는 가지를 많이 뻗은 나무에 가깝지요. 어떤 가지는 다시 여러 갈래로 세 가지를 뻗기도 하고, 어떤 가지는 더는 가지를 치지 않기도 해요. 말의 가계도에는 여기에 나온 것보다 가지가 훨씬 더 많지만, 이것이 오늘날 볼 수 있는 말과 그 가까운 친척들을 낳은 주요 경로예요. 수백만 년에 걸쳐 진화한 다른 종들은 모두 사라져 버렸지요.

현대의 말

현재 살고 있는 말 종류는 얼룩말, 나귀, 오나거, 기앙 등이 있어요. 아메리카 대륙에 살던 말들은 방하기 시대일 때 모두 죽었기 때문에 구대륙에서 살던 말들의 혈통만 남았어요.

에쿠스

최초의 현대 말은 키가 당나귀만 했어요. 목과 다리가 길고, 주둥이가 유연하고, 턱이 깊이 파였지요. 풀을 뜯기 알맞게 어금니는 더욱 깊이 파였어요. 에쿠스는 구대륙과 신대륙 전역에서 급속히 다양해졌어요.

400만 년 전
발가락 하나로 된 발굽은

플라이오세 530만 년 전~260만 년 전

홍적세 260만 년 전~현재

말의 진화

플리오히푸스
플리오히푸스는 양옆 발가락들을 서서히 잃고 발굽 하나로만 달렸어요. 하지만 이 말은 후대에 남기지 않고 멸종도 현대의 말과 닮았어요.

메리키푸스
이 동물은 발가락이 세 개이지만, 빨리 달릴 때는 발굽을 이용했어요. 가운데발가락은 발굽으로 발달하기 시작했어요. 주둥이는 말과 비슷하게 생겼어요.

미오히푸스
이 말은 다리가 더 길고 앞발과 뒷발에 발가락이 세 개씩이었어요. 얼굴은 더 길어졌고 이빨은 거친 풀을 뜯을 수 있도록 적응하기 시작했어요.

히라코테리움
말의 조상은 크기가 개만 했어요. 앞발에는 발가락이 네 개, 뒷발에는 세 개였어요. 이빨은 발굽이 아니라 볼록한 살이 있었고, 이빨로 볼 때 부드러운 잎을 먹었을 거예요.

과가의 부활
과가는 얼룩말의 친척으로서 1870년대에 사라졌어요. 다른 얼룩말들과 달리 머리 쪽에만 줄무늬가 있고 나머지 부분은 갈색이었지요. 과학자들은 과가 박제에서 얻은 DNA로 과가의 유전 정보를 연구했어요. 현재 줄무늬가 적고 갈색을 띤 얼룩말들을 선택적으로 교배시켜서 과가를 부활시키려고 노력하고 있어요.

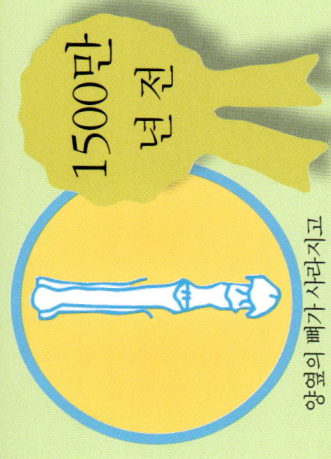

마이오세
2300만 년 전~530만 년 전

1500만 년 전
앙옆의 뼈가 사라지고 중앙의 발굽만 남았어요.

1700만 년 전
발이 단단한 땅에서 달리기 알맞게 적응했어요.

올리고세
3400만 년 전~2300만 년 전

3600만 년 전
발가락 세 개로 땅을 디뎠지만, 아직 발바닥에 볼록한 살이 있었어요.

에오세
5500만 년 전~3400만 년 전

5500만 년 전
모든 말은 앞발가락이 네 개인 동물에서 출발했어요.

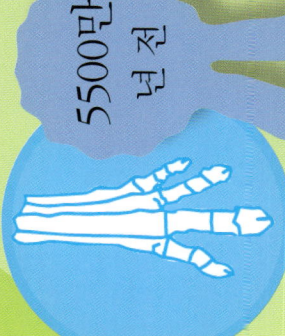

진화는 계속된다

코끼리 코는

코끼리 코는 조상 코끼리들이 점점 몸집과 엄니가 커질 때 코와 윗입술이 합쳐져서 길어진 거예요. 머리가 무거워진 코끼리가 땅으로 고개를 숙였다가 올리는 것이 힘들어지면서, 더 쉬운 방법을 찾아낸 거지요.

내 조상을 찾아 준다고?

모에리테리움
몸집이 작은 이 반수생 동물은 기다란 윗입술을 움직였어요. 앞니가 컸지만, 아직 엄니로 자라진 않았어요.

팔라이오마스토돈
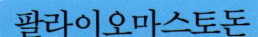
팔라이오마스토돈은 코끼리 계통의 최초 조상으로 여겨져요. 모에리테리움과 피오미아는 진화도에서 초기에 갈라진 친척이에요.

곰포테리움
곰포테리움은 엄니가 네 개였고, 아래쪽 두 개는 아래턱에서 삽처럼 뻗어 있었어요. 몸집이 점점 커지면서 코 역시 먹고 마시기 쉽도록 길어지기 시작했어요.

프리멜레파스
프리멜레파스는 모든 현대 코끼리의 조상이에요. 곰포테리움보다 아래쪽 엄니는 좀 더 작았고 코는 더 길었어요.

피오미아
피오미아는 코와 윗입술이 만난 짧은 코끼리 코가 있었어요. 위아래에 짧은 엄니도 나 있었고, 아랫입술이 길었어요.

마스토돈은 오늘날 코끼리보다 키는 작지만 육중했어요. 마스토돈의 이빨은 나무의 잔가지와 잎을 짓이기기 좋도록 원뿔 모양을 하고 있었어요.

3400만 년 전 — 에오세
2300만 년 전 — 올리고세
마이오세

어떻게 길어졌을까?

『정글 북』의 작가 키플링이 쓴 동물 이야기에서는 코끼리가 물을 마시러 강에 갔는데 악어가 코를 물고 늘어지는 바람에 코가 늘어났다고 나와요.

매머드는 흔히 생각하는 것만큼 크지 않아요. 오늘날의 코끼리만 하죠. 하지만 엄니는 더 길었고 머리와 어깨가 불룩 솟아 있었어요. 코는 땅에 닿았고 코끝이 갈라져서 나뭇잎을 움켜쥘 수 있었어요.

아시아코끼리는 코끝이 갈라지지 않았기 때문에 코를 말아서 물건을 움켜쥐어요.

아난쿠스

매머드와 현대 코끼리의 이빨은 거친 풀을 짓이기는 데 알맞게 단단한 이랑들이 난 형태로 진화했어요.

매머드

아시아코끼리는 아프리카코끼리보다 매머드와 더 가까워요. 머리가 약간 튀어나와 있고 수컷만 엄니가 있지요. 코끼리는 코로 물을 빨아들여서 마시기도 해요. 코로 물건을 쥘 수도 있고 공격하듯이 흔들어 댈 수도 있지요.

아시아코끼리

마스토돈의 아래쪽 엄니는 사라졌고 위쪽 엄니는 길게 휘어져 자랐어요. 머리 위가 약간 불룩했고, 텁수룩했어요.

마스토돈

스테고돈

아프리카코끼리

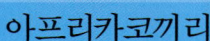

아프리카코끼리는 머리 위가 납작하며 암수 모두 엄니가 있어요. 코끝이 갈라져서 작은 물건도 집을 수 있어요.

530만 년 전	260만 년 전	1만 년 전
플라이오세	플라이스토세	현재

더 알아보기

유인원에서 인간까지

아프리카를 떠나서

다윈은 인류가 유인원의 후손이며 아프리카에서 기원했다고 주장했어요. 많은 사람들은 이 말을 믿지 않았어요. 그도 그럴 것이 당시에는 증거가 거의 없었어요. 네안데르탈인의 두개골과 뼈 몇 점이 전부였지요. 나중에 인도네시아 자바섬에서 초기 원인류인 호모 에렉투스의 뼈가 발견되었어요. 이어서 유럽과 인도네시아에서 3만 년 전의 호모 사피엔스 뼈가 발견되었어요. 그리고 1967년에는 에티오피아에서 가장 오래된 호모 사피엔스 화석이 발견되었어요. 19만 5000년 전의 것이었죠. 다윈이 옳았다는 것이 입증된 거예요.

인류처럼 급속히 세계의 여러 지역으로 퍼진 종은 없어요. 현대 인류인 호모 사피엔스는 원인류라고 하는 인간처럼 생긴 부류 중 마지막으로 등장했지요. 인류의 초기 조상들은 몸집이 작고 유인원처럼 생겼어요. 두 발로 걸었지만 무릎과 엉덩이가 굽어 있었지요. 그들은 숲 속에서 나뭇잎과 과일을 먹다가, 다른 먹이를 찾아 초원으로 갔어요. 먹이가 바뀌자 더 강한 이빨과 턱이

> 모든 일은 내가 두 발로 숲을 떠나면서 시작되었지.

> 나는 걷기는 했지만, 달리지는 못했어. 키도 더 크고 튼튼했지.

파란트로푸스(P.) 에티오피쿠스

아르디피테쿠스 라미두스

오스트랄로피테쿠스(A.) 아나멘시스

A. 아파렌시스

A. 아프리카누스

호모(H.) 루돌펜시스

인류 진화는 500만 년에 걸쳐 이루어졌어요.

손재주

영장류는 대부분 두 발로 설 수 있지만 완벽하게 서서 생활하는 것은 사람뿐이에요. 초기 인류가 걷기에 먹이를 찾아 먼 거리를 돌아다닐 적에 서서 걷는 것이 더 유리했을 거예요. 인류는 일어선 채 손으로 먹이를 운반하고 도구를 다룰 수 있게 되었어요. 또 엄지가 진화함으로써 우리는 물건을 더욱 쉽게 움켜쥘 수 있게 되었지요.

털이 없어지다

사람은 다른 영장류에 비해 털이 거의 없어요. 이렇게 진화한 이유는 여러 가지가 있을 수 있어요.

1. 얕은 물에서 돌아다니며 먹이를 찾기가 더 쉬워졌다.
2. 뜨거운 초원에서 몸의 열을 식히기 쉬워졌다.
3. 몸의 기생충 수가 줄어들었다.

다행히 사람들은 동물의 가죽을 입어 밤에 몸을 따뜻하게 유지하는 법을 익혔어요.

필요해졌고, 얼굴과 두개골 모양이 서서히 바뀌었지요. 호모속 초기 종들의 조상은 **오스트랄로피테쿠스**였어요. 몸을 세운 이 원인류는 도구를 써서 사냥하면서 뇌가 커지고 머리도 좋아졌어요. 그들은 공동체를 이루어 살기 시작했으며 언어를 만들어 냈어요. 그리고 지금으로부터 25만 년 전, **호모 사피엔스**가 출현했어요. 우리가 바로 호모 사피엔스의 후손이지요.

더 알아보기

호빗 족

아주 작은 원인 화석들이 발견되자, 그들을 새로운 종으로 보아야 할지, 왜소증에 걸린 인류로 보아야 할지를 놓고 논쟁이 벌어졌어요. 1만 2000년 전에 사라졌으니 그들이 새로운 종이라면 원인류 중에서 가장 오래 존속한 셈이에요.

물고기가 남긴 버릇?

딸꾹질은 물에 살던 조상들에게서 유래한 것일 수도 있어요. 물고기가 아가미로 물을 보내고 양서류가 공기를 마시도록 하는 뇌의 회로가 포유류에서는 불완전하게 재배열되어 있어요. 그래서 가로막이 경련을 일으켜 딸꾹질이 생기는 것인지도 몰라요.

> 나는 석기를 잘 다뤘지. 부싯돌도 만들었다고.
> — P. 보이세이

> 나는 걷는 자세가 아주 발랐지. 우리는 무리 지어 과일을 따고 먹이 사냥을 했어.
> — P. 로부스투스

> 유럽으로 이주한 뒤에 사냥 기술이 많이 발전했어.

> 너희가 나보다 더 잘생겼겠지만, 내 뇌가 더 크다고.

H. 에르가스테르
H. 하빌리스
H. 에렉투스
H. 하이델베르겐시스
H. 네안데르탈렌시스
H. 사피엔스

많은 종들이 있었지만 남은 것은 우리뿐이에요.

커지는 뇌

인류 진화에서 가장 중요한 특징 중 하나는 뇌 용량이 커진 거예요. 뇌 용량은 400세제곱센티미터에서 1,400세제곱센티미터로 늘어났어요. 과학자들은 먹는 음식이 좋아져서 뇌에 더 많은 에너지가 공급되었고, 그 결과 뇌가 커지고 지능이 높아졌다고 생각해요.

> 사교 기술, 작업 기억, 언어, 지각 능력은 뇌의 주름진 부분 덕분이야.

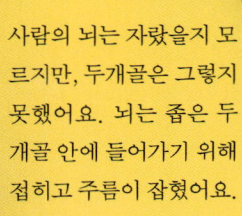

사람의 뇌는 자랐을지 모르지만, 두개골은 그렇지 못했어요. 뇌는 좁은 두개골 안에 들어가기 위해 접히고 주름이 잡혔어요.

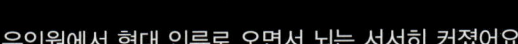

유인원에서 현대 인류로 오면서 뇌는 서서히 커졌어요.

진화는 계속된다

인간 행동을 이해하는 열쇠

오늘날 우리가 생활하는 모습은 조상들이 초원에서 살던 때와 많이 달라요. 하지만 우리가 무심코 하는 행동 가운데는 먼 옛날부터 내려온 것도 많아요. 그렇기 때문에 우리가 왜 그런 행동을 하는지 진화론적으로 풀어 볼 수도 있어요.

손짓에서 말로
사람과 다른 동물의 큰 차이점은 바로 언어예요. 우리도 처음에는 단순한 손짓과 소리로 다른 사람들과 생각을 주고받았어요. 그러다가 서서히 그것들을 결합하여 추상적인 생각까지 표현하기 시작했어요. 단어들 사이에 규칙이 생기면서 문법이 만들어졌고, 점점 다양한 생각을 표현할 수 있게 되었어요.

얼굴 표정
우리가 짓는 여러 가지 표정은 생각과 감정을 전달하고 남의 반응에 변화를 주기 위해 진화한 거예요. 한편 어떤 표정은 특정한 자극에 대한 몸의 반응인 것들도 있어요.

행복	슬픔	화남	두려움

얼굴 표정을 보면 어떤 감정인지

인간 행동을 이해하는 열쇠

사냥꾼 대 채집인

남자가 길을 잘 찾고 여자가 쇼핑을 좋아하는 이유가 어쩌면 우리 조상이 초원에서 살았기 때문일 수도 있어요. 남자는 매머드를 사냥하고 여자는 동굴을 지키고 아이들을 돌보기 좋도록 진화한 것일 수도 있지요.

 사냥꾼은 경관의 곳곳을 기억해야 했어요. 따라서 길을 찾는 능력이 발달했어요.

 영토를 지키고, 야생동물들과 맞서고, 전쟁을 벌이느라 공격성이 강해요.

 달리기, 높이뛰기, 던지기를 더 잘해요.

 무리를 지어 서로 경쟁하는 것을 좋아해요.

 무리에서 누가 우두머리인지 아닌지로 관계를 파악해요.

 문제를 해결하거나 지위를 정하기 위해서 의사소통을 해요.

 규칙이 정해져 있고, 승자와 패자가 갈리는 놀이를 좋아해요.

 채집인은 덤불에서 가장 좋은 열매를 찾아다녔어요. 쇼핑과 좀 비슷하지요?

 자신과 부족의 아이들을 돌보면서 아이를 기르는 능력이 발달했어요.

 작은 물건들을 잘 다루고 물건들이 어디 있는지 잘 기억해요.

 부족의 조화와 협력을 위해 모두와 잘 지내는 쪽을 선택해요.

 정서적 사회적 유대의 관점에서 관계를 파악해요.

 관계를 맺고 친밀해지기 위해 의사소통을 해요.

 스케이트처럼 모두 같은 행동을 하는 놀이를 좋아해요.

아기의 말

모든 아기는 말을 배울 능력을 타고나요. 아기는 자연스럽게 들려오는 말에 귀를 기울여서 단어를 배우고 규칙을 익혀요. 하지만 어른은 새 언어를 배우기가 쉽지 않아요. 이미 한 언어 규칙이 새겨진 뇌에 다른 언어 규칙을 새기기가 어렵기 때문이에요.

싫음　　놀람　　관심

알기 쉬워요.

농담은 왜 웃길까?

우리는 농담을 어떻게 알아차리는 걸까요? 그건 아마도 우리 뇌가 어떤 규칙을 파악해 두었는데 다른 것이 나와서 놀라기 때문일 거예요. 아기는 말을 배우기 이전에 까꿍 놀이를 할 때 깔깔 웃어요. 나이가 들면서 우리는 언어의 규칙을 파악해요. 농담은 언어 규칙을 깨뜨려 놀라움을 주고 우리는 그것에 웃음으로 반응하는 것인지 몰라요.

까꿍

89

진화는 계속된다

진화와 질병

아무리 머리가 좋아졌다고 해도 인간의 몸은 완벽함과는 거리가 멀어요. 우리의 몸은 병원체의 공격을 받기도 하고, 우리가 원하지 않는 것들도 지니고 있어요. 놀라운 진화적 발전에도 불구하고 우리는 왜 여전히 병에 취약할까요?

자연으로 돌아가라

모든 생물은 질병을 앓아요. 사람도 예외일 순 없어요. 병은 결함 있는 유전자, 병원체의 침입, 면역 체계 때문에 생길 수 있어요. 또 우리는 자연이 미처 생각지 못했던 새로운 문제들도 만나고 있어요. 어쩌면 과거를 살펴봄으로써 건강한 미래를 가꿀 수 있을지도 몰라요.

동전의 양면

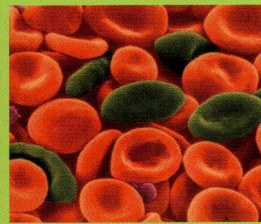

낫형적혈구빈혈증에 걸리면 적혈구가 낫 모양으로 변해서 혈관을 막아요. 양쪽 부모로부터 낫형적혈구 유전자를 물려받은 사람은 심한 고통에 시달리다 일찍 죽고 말아요. 하지만 낫형적혈구 유전자를 가진 사람은 그렇지 않은 사람보다 열대 지방에서 많은 사람들의 목숨을 앗아가는 말라리아에는 덜 걸려요. 낫형적혈구 유전자가 병을 유발하지만 혜택을 주며, 그것이 그 유전자가 살아남는 이유예요.

방어 기구

우리가 아플 때 나타나는 증상들 중에는 몸이 질병에 맞서는 데 도움을 주는 것들이 많아요. 우리가 기침을 하는 이유는 폐를 막거나 감염시킬 수 있는 자극물들을 제거하기 위해서예요. 열은 체온을 올려서 바이러스와 세균을 죽이는 데 도움을 줘요. 토하는 것은 혹시 있을지도 모를 독을 없애려는 행동이지요.

맹장이 남아 있는 이유

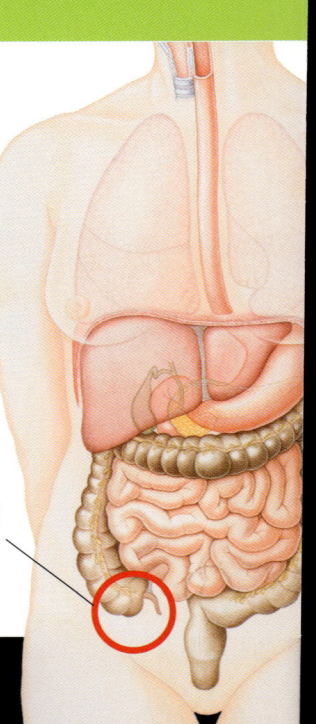

맹장은 쓸모가 전혀 없어 보이는 작은창자 조각이에요. 이론적으로 맹장은 오래전에 사라졌어야 해요. 맹장에 감염이 일어나면, 죽을 수도 있기 때문이에요. 하지만 오늘날 의사들은 맹장이 설사 때 장내 세균들이 피신하는 곳일 수도 있다고 생각해요. 작고 가는 맹장이 염증에 걸리기 쉽기 때문에 큰 맹장을 선호하는 선택이 일어나는지도 몰라요.

진화와 질병

"이거 먹고 나면 운동장 열 바퀴는 뛰어야겠네."

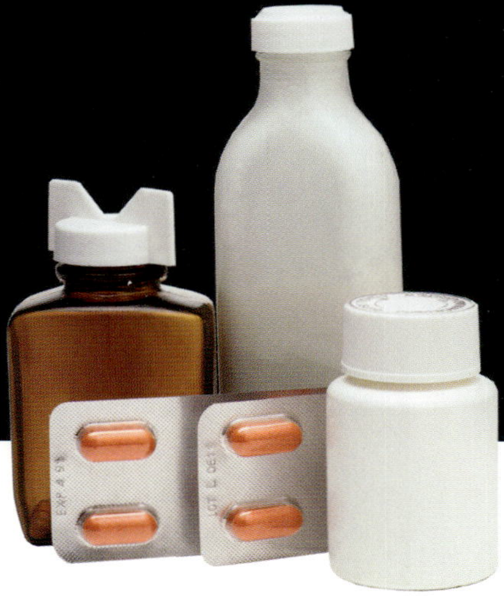

지방이 너무 많아!

오래전 인류가 먹던 음식에는 지방과 탄수화물이 드물었어요. 그래서 그런 음식을 많이 먹을 수 있었던 사람들은 기근 때 살아남는 데 유리했어요. 오늘날 지방과 탄수화물이 든 음식은 넘치지만, 여전히 우리는 그런 음식을 가능한 한 많이 먹고 싶어 해요. 그러면서도 충분히 운동하지 않기 때문에 비만해져서 당뇨, 심장병에 걸리는 사람이 늘고 있어요.

세균의 진화

사람의 질병 중에는 세균이 원인인 것이 많아요. 그래서 사람들은 세균을 죽이기 위해 항생제를 먹어요. 항생제는 감염을 막는 데 도움이 되긴 하지만, 약한 세균을 죽임으로써 세균의 진화에 도움을 줘요. 항생제에도 죽지 않는 강한 세균들만 살아남게 되니까요.

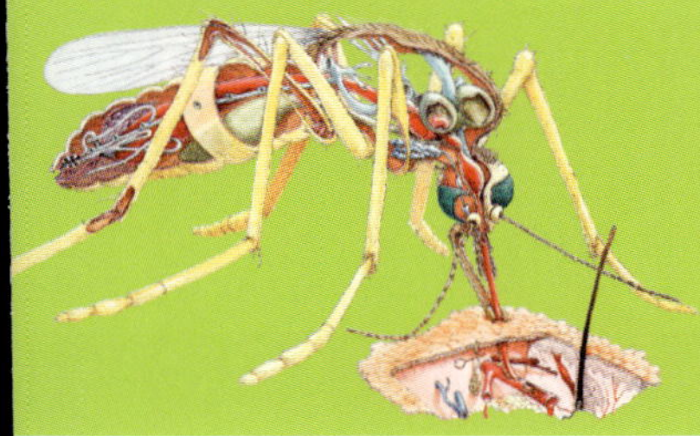

"에에에취!"

우리 몸은 병원체가 침입하면 항체라는 분자를 만들어요. 항체가 침입자에 붙으면 백혈구가 침입자를 알아보고 집어삼키지요. 그런데 가끔은 항체가 꽃가루나 땅콩 같은 것들도 침입자인 줄 알고 달라붙어요. 이것을 **알레르기**(과민 반응)라고 하지요.

재채기는 알레르기 반응이에요. 재채기는 자극 물질을 시속 160킬로미터의 속도로 몸 밖으로 날려 보낼 수 있어요.

진화는 계속된다

진화의 미래

생물의 진화는 아주 오랜 세월에 걸쳐 일어나기 때문에
그것이 작용한다는 것을 알아보기가 무척 어려워요.

우리 손에 달린 미래

지난 5만 년 동안 사람의 몸은 모습이나 기능이 거의 변화가 없었어요. 다만 음식을 쉽게 구할 수 있게 되면서 우리는 최근 조상들보다 더 크고 더 통통해졌어요. 수명도 더 늘었고 인구도 늘어났기에 유전자풀에선 돌연변이가 더 빨리 나타나고 있어요. 하지만 우

한 개체군의 모든 구성원이 바람직한 적응 형태를

유전자 선택

눈이 파랗고 머리가 갈색인 여자 아기로 해 줘요.

새로운 과학 기술은 사람의 지능이나 머리 색깔처럼 타고난 특징까지 고를 수 있도록 함으로써 인류 진화에 더 급속한 영향을 미칠 수도 있어요. 그러면 우리가 유전병 같은 바람직하지 못한 형질들을 제거해야 하는지 아니면 그것을 유전자풀에 놔두어야 하는지를 놓고 논쟁이 벌어질 수도 있어요.

특수한 능력

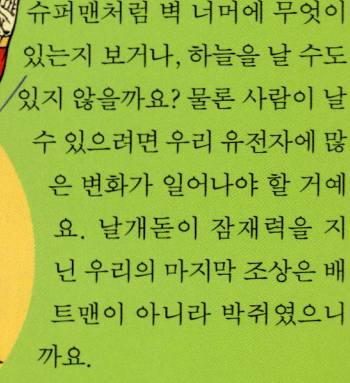

언젠가는 우리도 슈퍼맨처럼 벽 너머에 무엇이 있는지 보거나, 하늘을 날 수도 있지 않을까요? 물론 사람이 날 수 있으려면 우리 유전자에 많은 변화가 일어나야 할 거예요. 날개돋이 잠재력을 지닌 우리의 마지막 조상은 배트맨이 아니라 박쥐였으니까요.

진화의 미래

유전적 변화는 환경 변화에 대응하여 일어나기 때문에 예측하기 또한 대단히 어려워요. 과학자들은 인류가 아직도 진화하고 있는지 아니면 우리가 생물학적 정점에 다다랐는지를 놓고 논쟁을 벌이고 있지요. 과연 앞으로 우리는 어떻게 변하게 될까요?

우리는 이제 유전자 조작 기술을 이용하여 우리는 물론 다른 생물의 유전자를 바꿀 수 있어요. 어쩌면 우리의 미래는 우리 자신의 손에 달려 있는지도 몰라요.

드러내려면 수천 세대가 걸릴 수도 있어요.

뇌 속에 컴퓨터를?

우리는 이미 인공 심장이나 의족을 사용하고 있어요. 언젠가는 뇌에 컴퓨터 칩을 이식하게 될지도 몰라요. 숙제를 하는 대신에 새로운 학습 프로그램을 뇌로 전송한다고 상상해 봐요.

외계인의 조상이 된다?

다른 행성으로 이주하는 것도 새로운 진화의 길을 여는 방법이에요. 이주자들은 낮은 중력이나 산소 부족 등 새로운 환경에 맞서게 될 거예요. 시간이 흐르면 이주자들의 겉모습이나 행동이 아주 많이 달라지겠죠.

여기는 중력이 작아서 이렇게 길쭉해졌다우.

낱말 풀이

DNA 디옥시리보핵산. 화학적 암호 형태로 유전 정보를 지닌 아주 긴 이중 나선 분자예요.

개체군 같은 종에 속하고 짝짓기가 가능한 개체들의 무리.

공통 조상 진화한 두 후손 종의 가장 최근 공통 종.

기 지질 시대를 구분하는 한 단위예요. 캄브리아기, 실루리아기, 트라이아스기, 쥐라기 등 이름 뒤에 붙어요.

꽃가루받이 꽃의 수술 부위에서 암술 부위로 꽃가루를 옮기는 것을 말해요.

꽃식물 꽃을 피우고 열매를 맺어서 씨로 번식하는 식물을 말해요.

네안데르탈인 현대 인류와 같은 시대를 살았다가 약 2만 5000년 전 사라진 원인류예요.

돌연변이 유전자 염기 서열의 변화.

딴꽃가루받이 곤충이나 바람 등에 의해 다른 꽃에서 꽃가루를 받아 열매나 씨가 맺는 걸 말해요.

면역계 침입하는 생물과 이물질에 맞서 싸우는 몸의 방어 체계를 말해요.

멸종 종이나 개체군이 영영 사라지는 것을 말해요.

무척추동물 등뼈가 없는 동물이에요.

바다나리류 현재 존재하는 바다나리를 포함하는 오래된 무척추동물 집단이에요.

배 생물의 발생 초기 단계를 말해요.

보인자 유전병이 겉으로 드러나지 않지만 그 유전자를 갖고 있는 사람을 말해요.

번식 부모로부터 유전자를 물려받은 자손이 만들어지는 과정이에요.

변이 종이나 개체군의 나머지 구성원에게는 없는 한 생물의 구조적 또는 기능적 특징 차이를 말해요.

사지류 다리가 넷인 육지를 걸어 다니는 척추동물이에요.

삼엽충 고생대 바다에 살았던 절지동물이에요.

생명공학 생물의 유전자를 변형시키거나 세포를 융합하는 등의 과학 기술을 말해요.

서식지 한 생물이 사는 지역이나 환경을 말해요.

세균 미세한 단세포 생물로서, 질병을 일으키는 것도 있어요.

세대 동시에 태어나서 살아가는 개체들의 집합이에요.

세포 생물을 이루는 아주 작은 구조 중 하나예요. 세포는 대개 젤리 같은 속을 막이 둘러싸고 있고 중앙에는 세포핵이 있어요.

수렴 진화 친척이 아닌 생물들이 비슷한 환경에 적응해서 서로 독자적으로 비슷한 형질을 진화시키는 것을 말해요.

수정 암수의 생식세포가 융합하여 배를 만드는 과정이에요.

알레르기 처음에 어떤 물질이 몸속에 들어갔을 때 그것에 반응하는 항체가 생긴 뒤, 다시 같은 물질이 몸속에 들어가면 그 물질과 항체가 반응하는 일을 말해요.

양서류 개구리나 도롱뇽처럼 어류와 파충류 사이에 있는 동물들을 가리켜요. 어릴 적에는 물속에서 아가미로 숨을 쉬다가 다 자라서는 폐로 숨을 쉬지요.

연체동물 뼈가 없이 부드러운 몸을 가진 무척추동물이에요. 달팽이와 조개는 연체동물이에요.

열성 유전자 우성 유전자가 없을 때에만 드러나는 유전자를 말해요.

염색체 세포핵에 든 DNA로 이루어진 실처럼 생긴 구조물이에요.

영장류 유인원과 사람을 포함하는 포유동물 집단이에요.

오스트랄로피테쿠스 인류의 초기 형태로서 아프리카에 살았어요.

오존 산소 원자 세 개로 이루어진 분자로 독성을 띠어요. 대기에서 오존층을 형성하여 지구로 오는 해로운 광선을 막아 주어요.

우성 유전자 열성 유전자보다 우선적으로 형질이 드러나는 유전자를 말해요.

원인 침팬지 및 유인원과 갈라진 뒤 현대 인류로 이어진 오스트랄로피테쿠스를 비롯한 진화 계통을 가리키는 말이에요.

유대류 덜 발달한 새끼를 낳아서 주머니에서 키우는 포유동물 무리. 캥거루와 코알라는 유대류예요.

유전자 흐름 이주나 상호 교배를 통해 한 집단에서 다른 집단으로 유전자가 퍼지는 것을 말해요.

유전자 DNA에서 대물림되는 암호 부분이에요. 켜지면 세포에 특정한 반응을 일으켜요.

유전자풀 한 개체군의 유전적 변이 전체를 말해요. 어떤 생물 집단 속에 있는 유전 정보의 총량이라고 할 수 있지요.

유전적 병목 한 종 개체군의 수가 크게 줄어들어서 유전적 변이가 상실되는 현상이에요.

유전적 부동 우연히 한 개체군의 형질 빈도가 무작위로 변하는 거예요. 진화를 이끄는 과정 중 하나이지요.

유전체 생물에 든 모든 유전 정보.

유전학 유전자와 그 영향을 연구하는 학문이에요.

익룡 중생대에 날아다니던 파충류예요. 날개는 깃털 없는 피부막으로 되어 있었어요.

인위선택 오랜 세월에 걸쳐 사람이 동식물을 선택적으로 교배시키는 과정을 말해요.

일란성 쌍둥이 하나의 난자와 정자가 결합하여 생긴 쌍둥이예요. 같은 유전 정보를 물려받았기 때문에 성별도 항상 같고 쌍둥이의 생김새나 성격이 매우 비슷해요.

자연선택 다윈이 제시한 이론으로서 진화를 일으키는 과정 중 하나예요. 가장 유리한 특징을 지닌 개체가 가장 생존할 가능성이 높아요.

잡종 서로 다른 종의 개체들끼리 교배하여 나온 자손.

적응 생물이 환경에서 살아남아 번식하도록 돕는 유전되는 특징.

절지동물 단단한 겉뼈대(외골격)로 싸여 있고 관절이 있는 다리가 쌍을 이루어 난 무척추동물이에요. 곤충과 갑각류 등이 있어요.

제꽃가루받이 자기 꽃의 꽃가루가 암술머리에 붙어서 열매나 씨가 맺히는 것을 말해요.

조상 후손 개체들이 유래한 과거에 살았던 개체.

종 서로 교배하여 번식 능력을 지닌 자손을 낳을 수 있는 생물들의 집단이에요.

종분화 새로운 종이 형성되는 과정을 말해요.

지질학자 지구의 기원과 구조 및 지층 형성을 연구하는 사람이에요.

진화 자연선택 때문에 일어나는 시간의 흐름에 따른 변화 과정을 말해요.

척추동물 등뼈(척추)를 지닌 동물을 말해요.

파충류 배로 기거나 짧은 다리로 걷는 동물로서, 피부는 뼈판이나 비늘로 덮여 있어요. 도마뱀과 뱀, 악어는 파충류예요.

판게아 지구의 땅덩어리들이 합쳐진 초대륙을 말해요. 페름기 말에 형성되었다가 쥐라기에 여러 개의 대륙으로 나뉘어졌어요.

평행 진화 두 친척 종이 지리적으로 떨어져 있으면서도 같은 시기에 비슷한 형질을 지니게 되는 것을 말해요.

핵산 DNA 같은 길고 복잡한 분자예요.

형질 하나나 여러 유전자가 빚어내는 특징이에요.

호모 사피엔스 현재까지 살아남은 인류를 가리키는 말이에요.

화석 암석에 보존된 오래전에 죽은 동식물의 잔해나 흔적을 말해요. 그 시대를 연구하는 데 중요한 자료가 되지요.

찾아보기

ㄱ
갈라파고스 제도 22-23, 39, 54, 74-75
갈라파고스거북 75
개구리 30-31, 72
개미핥기 76
격세설 15
공작 32
글립토돈 27
꽃양배추 28
끈끈이주걱 33

ㄴ
난초 27
네안데르탈인 71, 87
농담 89
눈 34-35

ㄷ
다운 하우스 25-26
다윈 6-7, 15-43
다윈레아 27
대홍수 14
돌연변이 48, 49-51
동굴도롱뇽 79
두더지 79
DNA 44-45, 48-49, 56-57, 61-65
딩고 79
따개비 27
딴꽃가루받이 29, 32-33
딸꾹질 87
땅돼지 76

ㄹ
라마르크 13, 16, 57
라이엘 15, 25
린네 12

ㅁ
마다가스카르 74
말 81-82
맞춤 아기 61
매머드 63, 85
맬서스 30
맹장 90
맹점 35
메가조스트로돈 70
멘델 42-43
멸종 14
모사사우루스 14
목련 70
문어 35
민들레 79

ㅂ
바늘두더지 74, 77
바다나리 68
바다이구아나 23, 75
박쥐 76
방울다다기양배추 28
배 62-63, 78-79
보안자 50
복제 77
붉은뇌조 32
붉은솔개 52-53
뷔퐁 12
브라키오사우루스 70
브로콜리 28
비글호 15, 22-23, 26
비둘기 26

ㅅ
사슴 32
삼엽충 68
성염색체 47
수렴 진화 77
수수두꺼비 75
스트로마톨라이트 66
시아노박테리아 66
시조새 72

ㅇ
아놀도마뱀 75
아르마딜로 27, 76
알락꼬리여우원숭이 75
알레르기 91
암보넬라 72
양배추 28-29
어룡 70
어서 11
에뮤 79
엠마 웨지우드 24
열성 47, 49
염색체 42-44, 46-47, 49
오리너구리 73-74
오스트랄로피테쿠스 86-87
오스트레일리아 74
우성 47, 49, 51
월리스 36
유전자 40-42, 44-49, 55-61, 92-93
유전자변형식품 61
유전자풀 52-53, 92
유전적 부동 52
유전체 44
이래즈머스 다윈 20
인위선택 17, 29
일벌 58-59

ㅈ
자연선택 16-17, 29-30, 32, 36, 41, 48, 50-51
잭슨카멜레온 75
제꽃가루받이 32-33
좁은잎해란초 33
종분화 54
종의 기원 6, 16, 30, 36-37
주머니쥐 75
지의류 67
집게벌레 79

ㅊ
천산갑 77

ㅋ
칼이빨호랑이류 71
캥거루 74
케일 29
코끼리 15, 81, 84-85
코알라 74, 77
콜라비 28
퀘벡 14-15
큰땅핀치 71

ㅌ
타조 79
태즈메이니아호랑이 75
텐렉 75
티라노사우루스 62, 70
틱타알릭 72

ㅍ
페일리 35
평행 진화 77
프로마랜드 73
핀치류 23, 54-55, 74

ㅎ
헤켈 79
헨슬로 21-22
형질 42
후커 23
호모 사피엔스 12, 86-87
화석 14
흰이마벌잡이새 59

Acknowledgements

Dorling Kindersley would like to thank Penny Smith for editorial help with this book and Peter Bull for the illustrations on pages 72 and 73.

The publisher would like to thank the following for their kind permission to reproduce their photographs:

(Key: a-above; b-below/bottom; c-centre; f-far; l-left; r-right; t-top)

akg-images: Erich Lessing 10cra; **Alamy Images:** APIX 30b; Arco Images / W. Dolder 81bl (hyrax); Erwan Balanca / Jupiterimages / Stock Image 31tr; David Ball 24cb; Peter Barritt 52cra; birdpix 52c; blickwinkel 49bl; Brandon Cole Marine Photography 35br; Nigel Cattlin 58-59; David Chapman 53cr; FLPA 53clb; Chris Fredriksson 48cr; Bob Gibbons 29bc; Nick Greaves 77cla; Tim Hill 28tr; David Hosking 48c; Interfoto Pressebildagentur 12cla; Janine Wiedel Photolibrary 40bl; Piotr & Irena Kolasa 79clb; Dennis Kunkel / Phototake Inc. 90cl; Lebrecht Music and Arts Photo Library 5cla, 21cb, 24cla; The London Art Archive 13cr, 19clb, 25crb, 36crb; Celia Mannings 74br; Mary Evans Picture Library 11b, 15tl, 17bl, 20bc, 30tr, 38 (Emma Darwin), 38cra, 42clb, 43tr; moodboard 60tr; Keith Morris 91b; Tsuneo Nakamura / Volvox Inc. 34-35b (water); Natural History Museum, London 36clb; The Natural History Museum 24tl, 83br; Nature Alan King 67cla; North Wind Picture Archives 23tc, 38c (Darwin); Old Paper Studios 38-39t (piano); Ian Paterson 10cla; Paul Thompson Images 53cra; Miguel Angel Muñoz Pellicer 12cra; Photodisc 67b; Phototake Inc. 66c; The Print Collector 15cr, 20br, 27cr, 30cra (Malthus), 72bl; Robert Harding Picture Library Ltd 54cr; David J. Slater 53br; David Tipling 32cr; Jeff Tucker 27cl; Rob Walls 18cl; Dave Watts 73cra; WorldFoto 77cra; **Ardea:** Chris Harvey 59tr; Steve Hopkin 58ca, 58cb; **The Art Archive:** Gemaldegalerie, Dresden 11t; **Auckland Museum:** 25cl; **British Library:** 85tl; **Corbis:** Heide Benser / zefa 47br (freckles); K. & H. Benser / zefa 74bl, 75clb, 75crb (rafts); Tom Brakefield 76ca; Tim Davis / Davis Lynn Wildlife 11cl; Nigel J. Dennis / Gallo Images 76cra; DLILLC / Davis Lynn Wildlife 48br; Historical Picture Archive 17ca; Images.com 92br; Peter Johnson 75ca (tenrec); Frans Lanting 2fcrb, 3clb (*Psilotum nudum*), 65bl, 68cr; Joe McDonald 76cla; moodboard 61crb; Arthur Morris 77clb; Jim Richardson 61tr; Galen Rowell 75br; Staffan Widstrand 77ca; **Reproduced with permission from John van Wyhe ed., The Complete Work of Charles Darwin Online** (http://darwin-online.org.uk/): 6 (sidebar), 6bc, 6br, 6ftr, 6t (frogs), 6tl, 6tl (fish), 6-7bc, 7 (sidebar), 7bc, 7br, 7ftl, 7tl, 7tr, 15br, 16bl (book), 16tl, 17bc (chimp), 17bc (expressions), 17br, 18bc, 18tl, 19 (moths), 19tl, 20, 22b (chart), 22ca (Beagle), 22-23bc, 23br, 23cl, 23tl, 23tr, 25cr, 30-31 (b/w frogs), 37cr (insert), 37crb, 54cl, 72-73 (diagram background), 94br, 94cl, 94crb, 94fcra, 94tr, 95bl, 95br, 95cra, 95fbl, 95tl; **DK Images:** Booth Museum of Natural History, Brighton 74fcl (platypus); Philip Dowell 79tr; Hunterian Museum and Art Gallery, University of Glasgow 69ca; London Butterfly House, Syon Park 21t (butterflies), 95cb; Sonia Moore 27b (boxes); Natural History Museum, London 3clb, 5tl, 14cb, 15clb, 25bl, 33cb (bumble bee), 71bc, 78clb, 84cla, 84clb, 84cra, 84crb, 85cla, 96tl; Oxford University Museum of Natural History 31bl; Rough Guides 10l (vegetation); Royal Geographical Society, London 18tr; The Science Museum, London 19cla, 21l (flask), 96tc; The Home of Charles Darwin, Down House (English Heritage) 26tl; The Home of Charles Darwin, Down House (English Heritage) / Natural History Museum, London 22clb; Barrie Watts 53bl; Jerry Young 74fclb (echidna); **Reprinted with permission from Encyclopædia Britannica, © 2005 by Encyclopædia Britannica, Inc.:** 55 (finches); **The English Heritage Photo Library:** 18c, 26cl; By kind permission of Darwin Heirlooms Trust 20tr; **Getty Images:** American Images Inc. 47c (dimples); Torbjorn Arvidson / Nordic Photos 60b; The Bridgeman Art Library 8-9, 9bl (monkey), 14-15, 22cl, 22tr, 22-23c (sea), 33tl; Alice Edward / Stone 34tl (jar); Jamie Grill / Iconica 90cla; Hulton Archive 20crb; Jeff Hunter / Photographer's Choice 60ca; John Lamb / Stone 61tl; Régine Mahaux / Riser 10br (man); Mark Moffett / Minden Pictures 54br; Jeff Sherman 93bl; Scott Sroka / National Geographic 63br; ZSSD / Minden Pictures 50cb; **Matthew Harris / John F. Fallon at the University of Wisconsin-Madison:** 62bl; **iStockphoto.com:** Roman Kobzarev 32c; Alexandre Zveiger 47bl (hand); **Courtesy Thomas J. Lemieux:** 73bl; **Mary Evans Picture Library:** 16b (Huxley), 16b (Wilberforce), 16cr, 21bl, 21c; **Sean McCann:** 79bc; **National Library Of Scotland:** Reproduced with permission of the Trustees of the National Library of Scotland 16cl; **The Natural History Museum, London:** 23bc, 26bl, 26crb, 26tr, 27cla, 27cra, 67tc; **PA Photos:** Barry Batchelor / PA Archive 91bl; **Dr Andrew Pask:** 63ca; **Photolibrary:** Nicholas Eveleigh / Digital Vision 26-27c, 84-85b; Nick Koudis / Photodisc 47fbr; Oxford Scientific (OSF) / Carlos Sanchez Alonso 53cl; Photodisc 37; PureStock 77fcra; Stockbyte 91tl; **Photoshot:** Mark Fairhurst / UPPA 27fcl; **Science Photo Library:** 15cra, 51tl; Michael Abbey 67cl; Mauricio Anton 87tr; Sally Bensusen 69br; Annabella Bluesky 47cl; Tony Camacho 50bl; Michael Clutson 49cb; Ted Clutter 70cl; CNRI 49ca; Lynette Cook 66ftl, 67cr; Darwin Dale 58crb; Christian Darkin 70bl, 83cb, 83c; Dept. Of Clinical Cytogenetics, Addenbrookes Hospital 47cl, 47crb, 47fclb, 47fcrb; Georgette Douwma 34bl, 66cr; Pascal Goetgheluck 86tl, 87bl (skulls); Patrick Lynch 34fbl; Dr P. Marazzi 50br; Tom Mchugh 34br; Mark Miller 87crb (brain); Dr G. Moscoso 64tl; Pasieka 44crb; Raul Gonzalez Perez 34tl, 34tl (eye balls); Philippe Plailly / Eurelios 3bc (modern man), 71fcrb; Philippe Psaila 45clb; Nemo Ramjet 3br, 93bc; James H. Robinson 50c; P. Rona / OAR / National Undersea Research Program / NOAA 66tl; Kaj R. Svensson 68c; Joe Tucciarone 2tl, 70cb; Lena Untidt / Bonnier Publications 58cra; L. Willatt, East Anglian Regional Genetics Service 43bc; **Shutterstock:** 36-37b; alle 59tl; Nick Biemans 45bc; Bryan Busovicki 39bc; Cheryl Casey 47fbl; Chiyacat 29ca; Paul Cowan 28cra; John de la Bastide 29b; Adem Demir 41tl; Miodrag Gajic 51crb; garloon 38cra (trumpet); János Gehring 72-73 (background); Gelpi 64cl; Angelo Gilardelli 41bl; GoodMood Photo 24r; Eric Isselée 5clb, 40tr; javarman 12cra (books); Adrian T. Jones 32cl; Sebastian Kaulitzki 40cl; Christopher King 36l; Oleg Kozlov, Sophy Kozlova 45cb; Kudryashka 76-77 (globes); Timur Kulgarin 18bl; Sergey Lavrentev 45cb; LiveStock 88-89bg; Maugli 25; Najin 75t (paper); Andrei Nekrassov 34br; Donald P. Oehman 39cb; Kirsty Pargeter 40crb; Thomas M. Perkins 90bl; Florin Tirlea 24r (pile); Irina Tischenko 45br; Shachar Weis 29br; **Still Pictures:** BIOS, François Gilson 31br; **SuperStock:** Jaime Abecasis 9br; **University of Calgary:** Ken Bendiktsen / Jason Anderson 72crb; **University of Chicago.** Model by Tyler Keillor, photo by Beth Rooney: 72cr (Tiktaalik).

Jacket images: Front: DK Images: The National Birds of Prey Centre, Gloucestershire clb (eagle); Natural History Museum, London tl (*Phiomia*); Jerry Young bc (crocodile); fbl (leopard); **Getty Images:** Zubin Shroff / Stone+ b (background); **PunchStock:** Digital Vision / Y. Taro c. **Back: Reproduced with permission from John van Wyhe ed., The Complete Work of Charles Darwin Online** (http://darwin-online.org.uk/): cla, tl; **Science Photo Library:** Kaj R. Svensson br.

All other images © Dorling Kindersley. For further information see: www.dkimages.com